ANDRÉ RIEU MEINE MUSIK, MEIN LEBEN

Marjorie Rieu

André Rieu

Meine Musik, mein Leben

CHRISTIANS

Für Bomma und Bibi, die meinen heutigen Erfolg leider nicht mehr miterleben durften, die jedoch wesentlich dazu beigetragen haben.

Die Originalausgabe erschien 1996 unter dem Titel
André Rieu
mijn werk, mijn leven
bei A. J. G. Strengholt's Boeken, Naarden / Holland.

Die Deutsche Bibliothek – CIP-Einheitsaufnahme
Rieu, André:
André Rieu: meine Musik, mein Leben / Marjorie Rieu. – Hamburg: Christians, 3. Aufl. 1998
Einheitssacht.: André Rieu: mijn werk, mijn leven ‹dt.›
ISBN 3-7672-1304-4

© Fotos:
Wil Dekkers
Fotopersbureau Dijkstra bv
Foto Harry Disch
Studiopress Guy van Grinsven
André Rieu Productions bv
Foto Peter Schols
Jean-Jacques Spuisers

Mit Dank an unsere Freunde Barbara und Christian,
die bei der
deutschen Fassung mitgeholfen haben.

3. Auflage Februar 1998

ISDN 3-7672-1304-4

Printed in Germany

ℐNHALT

VORWORT

Dieses Buch habe ich einzig und allein für meine Fans geschrieben, das heißt für all die Menschen, die meine Musik so lieben, daß sie nicht nur meine Konzerte besuchen, sondern mir auch immer wieder schreiben, wie begeistert sie sind. Tag für Tag bekomme ich Post aus aller Welt. Die Menschen schreiben mir, wieviel ihnen meine Musik bedeutet, wie aufheiternd sie wirkt, wie sehr sie ihnen hilft, schwere Stunden durchzustehen, kurz, wie glücklich sie meine Musik macht.

Obwohl ich aus Zeitgründen nicht alle Briefe selbst lesen kann, erfahre ich doch im Großen und Ganzen, was in ihnen steht. Ich finde es phantastisch, daß Menschen mir soviel anvertrauen. Niemand braucht zu befürchten, daß sein Brief nicht gelesen wird oder möglicherweise gar nicht ankommt, denn der Briefträger weiß meine Adresse inzwischen auswendig. Jeder Brief, und wenn er auch nur die kümmerlichste Anschrift trägt, zum Beispiel „André Rieu an der Maas" oder „Geiger in Limburg", oder gar nur mit einem kleinen Bild von mir auf dem Umschlag, wird in meinem Büro abgeliefert. Und immer wieder freue ich mich über die vielen begeisterten Geschichten, die mir die Menschen erzählen. Sie sind für meine Musiker und mich eine Anregung, unsere Aufgabe, nämlich Musik zu machen und den Menschen damit Freude zu bereiten, sehr ernst zu nehmen.

Beantworten kann ich all diese Post jedoch unmöglich. Erstens schreibe ich – wie wahrscheinlich viele Männer! – sehr ungern Briefe. Als ich noch klein war, schimpften meine Eltern immer, weil ich, im Gegensatz zu meinen schreibfreudigen Schwestern, nie aus den Ferien schrieb. Frauen scheinen im allgemeinen viel mehr Freude daran zu haben, Briefe zu schreiben, sogar seitenlange. Daher war meine Frau Marjorie auch so lieb und hat diese Lebensgeschichte für mich geschrieben. Zweitens hätte ich, wenn ich all diese Fanbriefe beantworten müßte, nie mehr Zeit, Geige zu üben und zu spielen, und das wäre ja wohl das Letzte, was meine Fans sich wünschen!

Ich habe es deshalb vorgezogen, auf die vielen lieben und netten Briefe in Form dieses Buches zu antworten. Es ist ein Buch, in dem ich einerseits auf die Fragen meiner großen und kleinen Fans eingehen möchte, andererseits versuchen will, klarzumachen, daß Erfolg nicht etwas ist, was einem so mir nichts dir nichts in den Schoß fällt. Das mag jenen jungen Leuten – Musikern oder auch anderen –, die das Gefühl haben, immer nur zu schuften und trotzdem „nichts" zu erreichen, ein Trost sein. Wenn man nur lange genug durchhält (etwa 40 Jahre!), niemals aufgibt und obendrein – das ist das Wichtigste – immer dafür sorgt, daß man Spaß hat an dem, was man macht, dann muß es schließlich einmal klappen!

Es freut mich ganz besonders, daß nun auch die deutsche Fassung dieses Buches vorliegt, denn ein wesentlicher Teil meiner Fanpost kommt aus dem deutschsprachigen Raum. Was in den vielen begeisterten Briefen immer wieder auffällt, sind solche Fragen wie: „Wo waren Sie denn die ganzen Jahre? Warum hat man Sie uns so lange vorenthalten?" Und ich denke, daß mein Buch auch darauf Antwort gibt.

Aber unabhängig davon, aus welchem Land meine Fans stammen und in welcher Sprache sie mir schreiben: Für alle Menschen, denen meine Musik Tag für Tag ein wenig Glück bereitet und die daran interessiert sind, etwas mehr über mich und meinen Werdegang zu erfahren, haben Marjorie und ich mit großer Freude diese Geschichte geschrieben.

Mal schreibt Marjorie den Unsinn auf, den ich erzähle,
mal erzähle ich die sinnvollen Sachen, die sie schreibt.
So arbeiten wir nun schon seit fast zwanzig Jahren mit
Erfolg zusammen, und auf diese Weise ist auch dieses
Buch entstanden.

Schloß Schönbrunn und im Hintergrund Wien, die Wiege des größten Teils meiner
Musik. Ich genieße es, wenn ich dort sein kann! Es ist schon ein ganz sonderbares
Gefühl, durch Straßen zu gehen und vor Häusern zu stehen, von denen man weiß,
daß sich dort vor langer Zeit so viele berühmte Komponisten ebenfalls aufgehalten
haben.

Das schöne Haus, in dem wir unsere Pizzeria da André hatten einrichten wollen. Schade eigentlich, daß daraus nichts geworden ist!

MEINE ARBEIT,
MEIN (PRIVAT-)LEBEN

Wenn ich an die vergangenen achtzehn Jahre zurückdenke, kann ich nur sagen, daß mein Privatleben eigentlich immer so eng mit meiner Arbeit verknüpft war, daß seine Beschreibung praktisch der Geschichte meiner Karriere gleichkommt. Und dies nicht zuletzt deshalb, weil Marjorie von Anfang an sehr intensiv in meine Arbeit einbezogen war. Meinen heutigen Erfolg verdanke ich der Energie, die wir beide während all dieser Jahre investiert haben. Gemeinsam haben wir - neben unserem Familienleben - eine Existenz aufgebaut und sowohl unsere Firma als auch meine beiden Orchester, das MAASTRICHTER SALONORCHESTER und das JOHANN STRAUSS ORCHESTER, gegründet. Es ist also kein Wunder, daß diese Arbeit zu einem großen Teil auch unser Privatleben ausfüllt. Im Grunde genommen lassen sich die beiden kaum mehr trennen. Wir lieben unsere Arbeit sehr, und das ist - insbesondere wenn man feststellt, daß sie zum Erfolg führt - immer wieder eine große Ermutigung, weiterzumachen und alle Kraft, die in einem steckt, dafür einzusetzen. Unser Leben ist ganz einfach die Musik, ist etwas, mit dem wir uns ständig befassen, ohne daß es jemals zur Last wird. (Was allerdings nicht heißt, daß es nicht hin und wieder auch ganz schön lästige Dinge zu klären gibt!)

Auch auf Spaziergängen und in den Ferien unterhalten wir uns oft über Musik, lassen uns neue Programme durch den Kopf gehen, denken uns Texte aus oder kommen - ohne dies bewußt zu planen - auf neue Ideen für die nächste Saison. Natürlich gibt es auch Augenblicke, in denen wir - oder unsere Kinder! - genug von alledem haben. Dann fällt es uns meistens nicht schwer, uns anderen Dingen zuzuwenden, aber ich muß gestehen, daß das im allgemeinen nicht sehr lange dauert.

Neben der Geschichte meiner Kindheit und Studentenzeit enthält dieses Buch hauptsächlich Tatsachen und Anekdoten aus meiner Künstlerlaufbahn, das heißt Interessantes, Merkwürdiges, Schönes, aber auch Unangenehmes, das ich auf dem langen Weg zu meinem heutigen Erfolg erlebt habe.

Die Tatsache, daß die geschilderten Ereignisse Bestandteil auch meines Privatlebens sind, versuche ich dadurch zu verdeutlichen, daß ich ausführlich beschreibe, was ich dabei jeweils empfunden habe, von welchen Gefühlen meine „success story" begleitet war. Zweifel, Ängste, Streß und Enttäuschungen, das sind alles Gefühle, die man zu überwinden hat, wenn man etwas erreichen möchte (gleichgültig, in welchem Beruf). Andererseits sorgen Freude, Aufregung und Begeisterung dafür, daß man durchhält und weitermacht, bis sich eines Tages der Erfolg einstellt.

Man glaube nun aber ja nicht, ich sei von meiner Arbeit total besessen oder etwa so gestreßt, daß ich mich nicht von ihr losreißen könnte. Ganz im Gegenteil! Wir arbeiten normalerweise in einer sehr entspannten Atmosphäre und haben obendrein noch eine Menge Spaß dabei. Ein schöneres „Privatleben" kann ich mir kaum vorstellen!

LEBENSLAUF

*D*a meine Geschichte eher ein fragmentarisch zusammengesetztes Selbstporträt als eine wirkliche Autobiographie ist, folgt zunächst einmal ein kurzer Lebenslauf, der die Lektüre vielleicht etwas erleichtert.

(NB: Jahreszahlen waren nie meine stärkste Seite, manche stimmen daher nur annähernd!)

1949	Mein Vater und meine hochschwangere Mutter ziehen von Amsterdam nach Maastricht. Einige Tage später werde ich geboren, so daß ich gerade noch Maastrichter geworden bin. Ich habe zu diesem Zeitpunkt bereits zwei Schwestern und bekomme später noch zwei Brüder und ein Schwesterchen.
1954	Erste Geigenstunden.
1954–1960	Grundschule; Geigenunterricht.
1961–1967	Gymnasium (naturwissenschaftliche Abteilung); Fortsetzung des Geigenunterrichts.
1962	Erste Begegnung mit Marjorie.
1968–1973	Konservatorium in Lüttich und Maastricht; Geigenunterricht u. a. bei Jo Juda und Herman Krebbers.
1974	Erneute Begegnung mit Marjorie.
1974–1977	Konservatorium in Brüssel; Geigenunterricht bei André Gertler.
1975	Heirat mit Marjorie.
1977	*PREMIER PRIX* am Brüsseler Konservatorium.

1978	Geburt unseres Sohnes Marc.
	Gründung des MAASTRICHTER SALONORCHESTERS.
1978–1989	Geiger im LIMBURGISCHEN SYMPHONIEORCHESTER.
1978–heute	Konzerte mit dem MAASTRICHTER SALONORCHESTER in den Niederlanden, in Belgien, Deutschland und Amerika.
1981	Geburt unseres Sohnes Pierre.
1987	Gründung des JOHANN STRAUSS ORCHESTERS und unserer Firma „André Rieu Productions".
1988–heute	Tourneen mit dem JOHANN STRAUSS ORCHESTER in den Niederlanden, in Belgien und Deutschland (Wiener Musik).
1992	Tod von André Rieu sen.
1994	Release und Erfolg von *The Second Waltz* und *Strauß & Co.* in den Niederlanden. Das ganze Land gerät in den Bann des Walzers.
1995	Während des ganzen Jahres in den Top 10. Soloauftritt im Stadion von Ajax Amsterdam (Ajax–Bayern München!). *Wiener Melange* von null auf Platz eins in den Top 100. Siebenmal Platin für *Strauß & Co.*
1996	Verleihung des *WORLD MUSIC AWARD.*

Erster Teil

Jugendträume

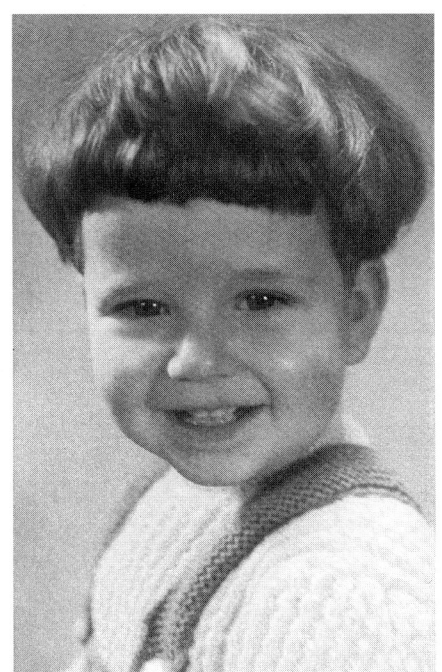

Nicht wiederzuerkennen, finde ich,
aber nach Meinung
von Insidern bin ich es wirklich.

ENGEL
UND
GEIGENKLÄNGE

*F*rauen haben in meinem Leben immer eine bedeutende Rolle gespielt. Meine allererste große Liebe war die Leiterin meines Kindergartens, die nicht nur ehrwürdige, sondern auch sehr liebenswerte Schwester Clara Magdala. Sie war ein wahrer Engel, der mich Dreikäsehoch (und -dick!) bei der Hand nahm und mit mir über den Schulhof ging. Ich war selig, wenn ich mit ihr spazierengehen durfte. Gemeinsam schauten wir zu den hohen Bäumen hinauf oder beobachteten die anderen Kinder und winzige Vögel, die sich zu meinem großen Erstaunen an die Schulmauer hängen konnten. Diese Frau hat offenbar einen so tiefen Eindruck auf mich gemacht, daß sich dadurch alle anderen Erinne-

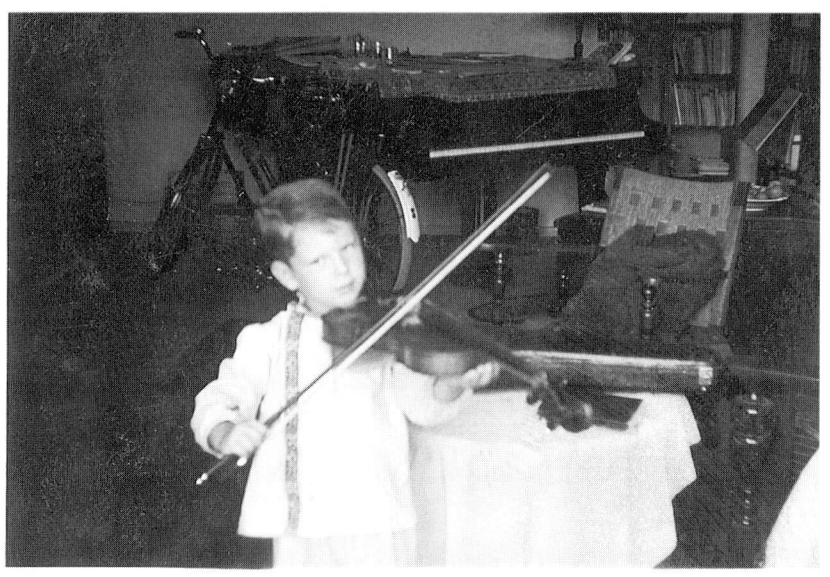

Meine erste (viel zu große!) Geige.

rungen an meine frühe Kindheit verwischt haben. Aus den ersten Jahren meines Lebens (die einzige Zeit, die ich ohne Geige verbracht habe) steht mir nur dieses eine Bild klar vor Augen: ein Schulhof mit hohen Kastanienbäumen, Blaumeisen an der Mauer und diese großartige, liebe Schwester, die mich an die Hand nahm und meine ersten Schritte in die große, weite Welt begleitete.

Kurz darauf trat die Geige in mein Leben, und mit ihr (nicht umsonst ist „Geige" weiblich!) eine hübsche, junge Lehrerin mit blauen Augen und so wunderschönen blonden Locken, daß ich damals behauptet haben soll, sie habe „goldenes Haar". Und wieder war ich, trotz meines jugendlichen Alters von fünf Jahren, total verliebt. Meine Mutter erzählte mir später, sie habe manchmal während der Geigenstunde heimlich ins Musikzimmer hineingeschaut und gesehen, wie ich mit großen Augen und offenem Mund Fräulein Tiny voller Entzücken angestarrt habe, wobei Geige und Bogen lässig neben meinem Knie heruntergehangen hätten.

Die blonde Lockenpracht war jedoch keineswegs das einzige, was ich an ihr bewunderte. Bald schon imponierte mir vor allem die Art und Weise, wie sie die linke Hand unheimlich schnell zittern ließ, während ihre Finger eine winzige Bewegung über die Saiten ihrer Geige machten. Je besser man dieses „Vibrato" (wie der Fachausdruck lautet) beherrscht, desto schöner wird der Klang, den man der Geige entlockt.

Das wollte ich also unbedingt auch können! Und obwohl ich eigentlich noch kaum Geige spielen konnte, versuchte ich, Fräulein Tiny nachzuahmen. Ich übte und übte, so lange, bis ich merkte, daß ich diese Kunst auch beherrschte. Was war das für ein wunderbares Gefühl, als ich eines Tages dann vibrieren konnte! Ich erinnere mich noch, wie stolz ich war, einen so schönen Klang aus meiner Geige hervorzaubern zu können. Von da an wußte ich, daß ich später, wenn ich einmal groß wäre, Geiger werden wollte.

In diesem Wunsch wurde ich bestärkt, als mich mein Vater, Dirigent des LIMBURGISCHEN SYMPHONIEORCHESTERS, zum ersten Mal zu einem Konzert mitnahm. Mit atemlosem Staunen verfolgte ich, was er da oben mit dem – in meinen Kinderaugen gewaltigen – Orchester machte. Voller Ehrfurcht beobachtete ich die riesige Streichergruppe und vor allem die Geigen mit den vielen Bögen, die sich alle gleichzeitig nach oben und unten bewegten. Es war ein faszinierendes Bild, das sich mir unauslöschlich eingeprägt hat, genauso wie der volle Klang der Streichinstrumente, der für mich nach wie vor der schönste und romantischste ist.

Von nun an träumte ich davon, auf der Konzertbühne zu stehen und vor vielen Leuten Geige zu spielen. Das aber hieß üben, üben und nochmals üben, tagaus und tagein, Woche für Woche, Jahr für Jahr. Ich bekam nicht nur zweimal in der Woche Geigenunterricht, anfangs vom engelhaften Fräulein Tiny und später dann von strengen Geigenlehrern, sondern ich mußte auch jeden Tag selbständig üben, wozu ich durchaus nicht immer Lust hatte. Wenn alle anderen Kinder nach der Schule draußen herumtobten, mußte ich erst einmal eine Stunde Geige spielen, und meine Mutter achtete streng darauf, daß ich das auch wirklich tat. Denn am liebsten stand ich mit meiner Geige träumend am Fenster und improvisierte schöne Melodien. Aber wehe, wenn die Mutter das merkte! „Üüüüben!" tönte es dann laut von unten her-

Von oben nach unten: mein Vater, meine Schwestern Cilia und Teresia, ich und mein Bruder Robert.

auf, und das war auch gut so, denn schließlich kann man ohne Tonleitern und andere technische Übungen nun mal nicht Geige spielen lernen. Das sah ich auch ein, und deshalb arbeitete ich weiterhin fleißig an meinen Etüden. Mit zunehmendem Alter fiel es mir natürlich immer weniger schwer, mich auf das Lernen zu konzentrieren. Vor ein paar Jahren hörte ich, wie der russische Cellist Rostropowitsch in einem Fernsehinterview erzählte, er habe als Kind seine Tonleitern auf Band aufgenommen und diese dann in seinem Zimmer schön laut abgespielt, so daß sie seine Mutter deutlich hören konnte. Er selbst habe in der Zwischenzeit draußen vor dem Haus ungehindert spielen können. Ich kenne Rostropowitsch seit meiner Jugendzeit und weiß, daß er schon immer

21

eine blühende Phantasie besessen hat! Ich glaube kaum, daß es zu seiner Kinderzeit schon Tonbandgeräte gab, aber wenn ich in meiner Jugend einen Trick dieser Art gekannt hätte, dann hätte ich bestimmt dankbar Gebrauch davon gemacht.

Als Kinder eines Dirigenten erhielten wir selbstverständlich eine gediegene musikalische Ausbildung, die in meinem Falle weit mehr umfaßte als nur Geigenstunden. Schon bald bekam ich auch Klavier- und Blockflötenunterricht, später habe ich sogar noch kurz Oboe gespielt. Als ich bereits das Gymnasium besuchte, durfte ich einmal dem niederländischen Flötisten Frans Brüggen vorspielen, der danach die Vermutung äußerte, in mir schlummere eine Begabung und veranlaßte, daß ich weiter auf der Blockflöte ausgebildet wurde. Das war aber nur in Eindhoven möglich, weshalb ich in der Folgezeit einmal in der Woche mit dem Zug dorthin fuhr (was eine gute Stunde dauerte – nicht gerade eine leichte Sache für einen Jungen, der eigentlich mit Schule, Geigen- unterricht und Liebesträumen schon genug am Hals hatte!).

Von allen Instrumenten war mir die Geige das liebste, also übte ich sehr fleißig. Außerdem ließ ich mir kein einziges Konzert der zahlreichen berühmten Geiger entgehen, die mit dem Symphonieorchester meines Vaters auftraten und die anschließend oft noch mit zu uns nach Hause kamen. Sie alle haben ausnahmslos einen großen Einfluß auf mich gehabt. Ich sah und hörte u. a. Herman Krebbers, Theo Olof (beide Kon- zertmeister im KONINKLIJK CONCERTGEBOUWORKEST), Yehudi Menuhin, Arthur Grumiaux, Leonid Kogan und David Oistrach. Kreb- bers trat fast jedes Jahr mit meinem Vater auf, und ihn bewunderte ich am meisten. Das lag nicht nur an seinem virtuosen Spiel, sondern vor allem auch an seiner einmaligen Ausstrahlung. Ich bin heute noch stolz darauf, daß ich sein Schüler werden durfte. Schon als kleiner Junge woll- te ich später genauso berühmt werden wie er, und in meinen Träumen spielte ich im Glanz der Scheinwerfer vor ausverkauften Häusern.

Was für meine Musikerkarriere aber wohl die weitaus größte Bedeu- tung gehabt hat, ist die Tatsache gewesen, daß ich jahrelang im Kir- chenchor gesungen habe. Neben dem Geigen-, Klavier- und Flötenun- terricht sowie dem wöchentlichen Konzertbesuch, wenn mein Vater dirigierte, gehörte auch das zu meiner musikalischen Ausbildung. Zusammen mit meinem etwas jüngeren Bruder Robert machte ich mich jeden Mittwoch- und Samstagnachmittag auf den Weg zu dem berühm- ten, von Benoît Franssen geleiteten Servatius-Chor, der von uns respekt- los „der Chor des Alten" genannt wurde. Nicht, daß wir jemals Lust dazu gehabt hätten! Denn immer, wenn wir mit den Jungen aus der Nachbarschaft gerade Fußball oder sonst was Tolles spielten, mußten wir fort zur Kirche. Wie oft haben wir beide diesen Chor verflucht! Eine Stunde vor der Chorprobe hatten wir außerdem noch Notenlehre beim „Alten", der nach einer gefürchteten belgischen Methode sehr gründlich unterrichtete. Jede Woche dachten wir uns andere Ausreden aus, um Notenlehre und Probe fernbleiben zu können. Entweder waren wir krank, oder es war uns auf einmal furchtbar schlecht geworden, oder wir konnten weder Notenbuch noch Schuhe finden – und wenn das alles nicht reichte, versteckten wir uns einfach, so daß wir für unsere Mutter unauffindbar waren. Einmal haben wir uns sogar – zusammen mit unserem Freund Jérôme – ganz offiziell im Namen unserer Eltern beim Dirigenten abgemeldet. Aber unsere Strategie funktionierte leider nicht so, wie wir uns das gedacht hatten, und wir kehrten reumütig zum Chor zurück. Unsere ansonsten nicht allzu strengen Eltern waren in Sachen Musik unerbittlich. Das war ein Glück, denn rückblickend muß ich sagen, daß dieser „Alte" gar nicht mal so übel war und wir seinem gründlichen Unterricht viel zu verdanken haben. (Freund Jérôme wurde übri-

Mit Cilia (rechts) und Teresia (links) in der Gegend, in der ich meine Kindheit verbracht habe.

23

gens von seinen Eltern ebenfalls zur Rückkehr in den Chor gezwungen – er ist heute Flötist, Professor am Konservatorium und Leiter eines Barockensembles!)

Seltsamerweise machte es, wenn man erst einmal bei der Probe war, doch Spaß. Obendrein waren wir unglaublich stolz, wenn wir am Sonntagmorgen im Hochamt und am Nachmittag in der Andacht singen durften. Und schließlich entdeckte ich im Lauf der Zeit auch, daß es dort im Chor viele nette Mädchen gab, in die ich mich dann der Reihe nach verliebte. Von da an war es mit meinem „Chorhaß" endgültig vorbei.

Wenn man längere Zeit Chormitglied gewesen war, durfte man an der alljährlich stattfindenden Servatius-Prozession teilnehmen. Das war ein großes Erlebnis! Hunderte von Gläubigen versammelten sich nach dem Hochamt im sonnenübergossenen Innenhof der Servatiuskirche, und ich sah zu, wie sie sich in ihren herrlichen Gewändern langsam vorwärtsschoben und in Reihen aufstellten. Manche kamen als hellblaue Engel mit echten Flügeln, andere als weißgekleidete Bräute mit wiegenden Palmenzweigen, während die Priester in Meßgewändern aus Goldbrokat unter einem prächtigen Baldachin dahinschritten. Das waren Eindrücke, die man nie vergißt! Am spannendsten war für mich immer der Augenblick, in dem, von Fanfaren begleitet, die Gesänge erklangen und sich die Prozession langsam in Bewegung setzte. Dann lief es einem vor Erregung über so viel Wunderbares heiß und kalt über den Rücken. Als ich etwas älter war, gehörte ich zu der Chorgruppe, die während der Prozession, singend und sich gemessenen Schrittes fortbewegend, das Weihrauchfaß schwenken durfte. Das war so ungefähr das Höchste, was man als Chormitglied erreichen konnte. (Über den unbeholfenen Anfang meiner Karriere als Weihrauchfaß-Schwenker berichtet mein Bruder Robert in einem späteren Kapitel).

Höhepunkt des Chorjahres war zweifellos Weihnachten. Darauf freuten wir Kinder uns das ganze Jahr, denn darum ging es ja schließlich! Zu Weihnachten konnte man endlich den Lohn für seine Arbeit ernten, denn dann war die Kirche sozusagen „ausverkauftes Haus".

Zunächst sangen wir eine Messe zum Heiligabend, dann folgten drei Messen kurz nacheinander in der Christnacht. Nach der letzten, der eigentlichen Christmette, gingen wir nach Hause, um Stollen zu essen und zu schlafen. Am nächsten Tag erschienen wir dann wieder in der Kirche zum Hochamt am Vormittag und nachmittags zur Andacht. Das hört sich alles nach größter Anstrengung an, aber für einen Chorknaben gab es nichts Schöneres.

Am eindrucksvollsten war für Robert und mich immer die Nachtmesse. Da standen wir dann, umgeben von sämtlichen Chormitgliedern, in rotem Talar und weißem Chorhemd hoch oben auf der Empore und konnten von dort aus die ganze Kirche überblicken. Wir rochen den aufsteigenden, durchdringenden Duft des Weihrauchs und sahen auf die Gläubigen hinab, die sich nach der Messe dem Chor zuwandten, um zusammen mit uns Weihnachtslieder zu singen. Zum Schluß wurde dem Chor sogar Beifall gespendet – die einzige Gelegenheit im Jahr, bei der in der Kirche geklatscht wurde. Und dann waren wir als Kinder wirklich überglücklich und vergaßen gern all die Mittwoch- und Samstagnachmittage, an denen wir nicht hatten spielen können.

———————————

Ich bin fest davon überzeugt, daß sowohl die
Prozessionen als auch die Messen in der Christnacht die Grundlage
für meine romantische Vorstellung von der Musik geschaffen haben.
Die wunderbar ausgestattete, überfüllte Kirche, die Krippe mit den
schönen Figuren und Engeln, Corellis anrührende Weihnachtsmusik
und der Duft der Blumen und des Weihrauchs – das alles gehörte
zusammen und war Teil eines einmaligen und eindrucksvollen
Ereignisses, welches für mein Gefühl weit mehr etwas mit
Theater als mit Glauben zu tun hatte.

———————————

GEIGENKLÄNGE?
DRILLBOHRER!

„Wie wunderbar, wenn man ein Hobby zu seinem Beruf machen kann!" Wie oft habe ich diesen Ausruf schon hören müssen, vor allem von Leuten, die selbst leidenschaftlich gern musizieren – rein aus Hobby, das heißt als erholsame Entspannung nach der Arbeit. Daß aber die Musik für mich als Kind alles andere als ein Hobby war, mag inzwischen hinreichend deutlich geworden sein. Geige, Blockflöte, Notenlehre, Chor, Konzerte – in unserer Familie gehörte das alles zum Alltag wie der Schulbesuch oder das Beten und Händewaschen vor dem Essen. Das waren ganz einfach Pflichten, denen man sich nicht entziehen konnte. Und wenn ich auch davon träumte, „später, wenn ich einmal groß wäre," ein berühmter Geiger zu werden, so bedeutete das bei weitem nicht, daß ich mich den lieben langen Tag immer nur mit Musik befassen wollte. Ganz im Gegenteil! Wie den meisten Kindern war auch mir alles, was nach Pflicht aussah, im allgemeinen nur lästig, und es gab eine Menge Dinge, für die ich mich weit mehr begeistern konnte als für Musik.

Da war zum Beispiel ein von meinem Bruder Robert und mir entworfenes Gebilde auf Rädern, ein Glanzstück technischer Erfindungsgabe, das in unserer Gegend als öffentliches Verkehrsmittel für kleine Brüder und Schwestern, Freunde, Hunde, Kaninchen und dergleichen diente. Im engeren Verwandtenkreis und in der Nachbarschaft war dieses Vehikel unter dem Namen „Karre" bekannt und Gegenstand der Bewunderung.

Die „Karre" belegte uns ganz und gar mit Beschlag – Robert und ich widmeten ihr jede freie Minute. In Gedanken waren wir dauernd mit der Verschönerung und technischen Vervollkommnung dieses heißgeliebten Gefährts befaßt. Für jede verrostete Schraube, für jedes Stückchen Draht und für jedes verzogene Holzbrett, kurz für alles, was von phantasielosen Erwachsenen als wertlos angesehen und weggeschmissen worden war, hatten wir irgendeine Verwendung. „Könnten wir doch für die Karre gebrauchen!" ist bis heute ein Slogan in unserer Familie und steht für Trödel und Abfall.

27

Irgendwann entstanden als eine Art „Schiebe-Auto", nicht mehr als das Untergestell eines alten Kinderwagens, auf dem ein großes Brett lag, hatte sich die „Karre" mit der Zeit zu einem gegliederten Schlitten mit kompletter Steuerungsanlage ausgewachsen. (In gewissem Sinn war sie also der Vorläufer unseres heutigen „Straußmobils"[1]!) Total besessen war ich von dem Ding! Es kam nicht selten vor, daß ich in der Schule während einer langweiligen Unterrichtsstunde plötzlich eine Idee hatte – zum Beispiel, wie sich ein altes, irgendwo aufgefundenes Lenkrad am besten an der „Karre" befestigen ließ. Und dann konnte ich nach der Schule gar nicht schnell genug nach Hause laufen, um die von mir ausgedachte Theorie in die Praxis umzusetzen.

Und die Hausaufgaben? Ach..., dafür war später noch Zeit. Ich hatte, offen gestanden, eine besondere Fähigkeit zum Aufschieben entwickelt

[1] Straußmobil: So nennt das JOHANN STRAUSS ORCHESTER den Luxusbus, in dem es seit Januar 1996 umherreist.

Eine Zeichnung aus dem Jahr 1964: Kirche in Caramagna (Norditalien).

und mir hinsichtlich der Frage, ob ich drankommen würde oder nicht, im Verlauf meiner Schulzeit eine ziemlich genaue Wahrscheinlichkeitstheorie erarbeitet. Mein System funktionierte am Ende so perfekt, daß ich zumindest zu einem Teil mit seiner Hilfe (das spricht leider nicht für meine Lehrer) sogar das Gymnasium geschafft habe!

Die technischen Möglichkeiten dieser „Karre", ihren Antriebsmechanismus, ihre Steuerungsanlage, all diese Sachen fand ich als kleiner Junge wahnsinnig interessant. Aber das Technische faszinierte mich durchaus nicht nur da, wo es um den Bau von Fahrzeugen ging. Was mich, vor allem, als ich etwas älter wurde, mit tiefem Respekt erfüllte, war das Entstehen neuer Häuser. Wo immer in der Umgebung gebaut wurde, war ich zur Stelle, um den Bauarbeitern ihre Fertigkeiten gleichsam abzusehen. Ich habe so tatsächlich bauen gelernt, vom Ausschachten der Baugrube auf einer jungfräulichen Wiese – bei weitem das Eindrucksvollste – bis zur Fertigstellung eines Badezimmers. Jedes Detail war für mich interessant, und von allem wollte ich lernen. Kamen Handwerker in unser Haus, um beispielsweise einen Parkettboden zu verlegen oder irgend etwas zu reparieren, so schoß ich unverzüglich hin, um zuzusehen und zu helfen. Auf diese Weise erlernte ich das Handwerk des Schreiners, Maurers, Klempners, Elektrikers und Dachdeckers. Das Bauen und die Technik wurden meine größten Hobbys. Ich zimmerte Schränke und baute Schuppen, zog Mauern hoch, versah unser ganzes Dachgeschoß mit einer romantischen, indirekten Beleuchtung, lötete Wasserleitungen und reparierte Kühlschränke und Waschmaschinen. Später habe ich sogar ein richtiges Badezimmer an ein Ferienhaus angebaut, den dazugehörigen Hausbrunnen angelegt, die Abwasserleitungen verlegt und die Elektroanlagen installiert. Leider hatten alle meine Bauten einen einzigen Nachteil. Da ich der Meinung war, sie sollten unbedingt jedem Nordweststurm und möglichst auch jedem Erdbeben standhalten, bin ich immer mit einer solchen Gründlichkeit an die Sache herangegangen, daß gegebenenfalls ein Abbruchunternehmen hinzugezogen werden mußte, um meine Bauten wieder zu beseitigen!

Es wunderte eigentlich niemanden, als ich eines Tages den Wunsch äußerte, Architekt zu werden. Denn ich baute nicht nur gern, sondern war obendrein ein begeisterter Maler mit einer Vorliebe für Häuser, Kirchen und Landschaften. Jahrelang habe ich leidenschaftlich gern gezeichnet – und das überall, wo ich gerade war, bei uns zu Hause, vor allem aber auch in den Ferien in Südfrankreich und Italien. Die dortigen Landschaften und den südlichen Baustil fand ich so bezaubernd, daß es mich immer wieder reizte, beide auf dem Papier zu verewigen.

Ich frage mich manchmal, warum die Geige schließlich doch über diese vielen Leidenschaften – denn als solche muß man sie wohl bezeichnen – obsiegt hat. Die Antwort weiß ich selber nicht. Ich denke, daß jener Kindheitstraum, die ersten Konzerterlebnisse, und der Wunsch, vor einem großen Publikum zu spielen, so stark gewesen sind, daß nichts sie hätte überflügeln können. Ich halte die Geige mehr oder weniger für eine Schicksalsbestimmung; da gab es einfach kein Entrinnen. Alles übrige war Hobby und ist es bis heute geblieben. Ich interessiere mich noch immer für die Technik und das Bauwesen, auch wenn die praktische Seite inzwischen etwas anders aussieht als damals. Ich verdanke es dem, was ich auf diesen Gebieten gelernt habe, daß ich heute in meinem Unternehmen bei allem, was mit Technik zu tun hat, mitreden kann und mich nie den Sachverständigen ohnmächtig ausgeliefert fühlen muß.

Das Hantieren mit Teppichmessern und Kreissägen habe ich endgültig aus meinem Leben verbannt – übrigens sehr zur Freude der Gesellschaft, die meine Hände versichert.

Die Ferien verbringe ich ausschließlich mit meiner Familie. Spazierengehen und die Natur genießen sind etwas, woran wir zu jeder Jahreszeit unsere Freude haben.

Geliebte Ferienziele: der Comer See (oben) und der Vierwaldstättersee (unten). Pierre hob bei dieser Urlaubsreise immer, wenn ein Foto gemacht wurde, den Daumen – zum Zeichen dafür, daß er das alles total irre fand!

Aus den sogenannten „Starpartys"
machen wir uns beide nichts. Wenn es
etwas zu feiern gibt, tun wir das am
liebsten im Kreis von Freunden und
Verwandten.
Unseren vierzigsten Geburtstag haben
wir beide ausgiebig gefeiert, einerseits
ein bißchen wehmütig wegen des endgültigen Abschieds von der „Jugendzeit", andererseits voller Neugierde auf
die „Midlife-Crisis"!
Oben: Marjorie mit ihren Eltern und
Freundin Suse.
Unten: mein Vater, mein Bruder
Jean-Philippe und mein Sohn Pierre.

VORSICHT, WEIHRAUCH!
SINGEN UND BETEN
AUF EIGENE GEFAHR

_M_ein Bruder Robert und ich waren als Kinder unzertrennlich. Er war immer – und ist es auch heute noch – der große Clown, der die Fähigkeit besaß, mich so zum Lachen zu bringen, daß ich am Ende weinen mußte!

Heute lebt er in Marseille, und wir sehen uns leider nur selten. Er hat mir vor kurzem zur Erinnerung an unsere fröhliche Jugendzeit eine Anekdote geschickt, die – seiner Art entsprechend – fast schon absurd übertrieben ist, die ich dem Leser aber trotzdem nicht vorenthalten möchte.

Wieso wir an jenem Sonntag bloß auf die Schnapsidee gekommen sind, André zu bitten, bei der 5-Uhr-Andacht in der großen Basilika von Maastricht mitzuwirken, ist mir bis heute schleierhaft. (Mit „uns" meine ich meinen jüngeren Bruder Jean-Philippe, der damals zehn Jahre alt war, und mich). Die Andacht war für fünf Uhr geplant, aber traditionellerweise begann sie immer erst um zehn nach fünf.

Jean-Philippe und ich waren erfahrene Meßdiener, während André dieses Fach überhaupt nie gelernt hatte. Er wußte nicht mal, wann man zum Beispiel das Weihrauchfaß zu schwenken hatte. Aber darum ging's nun gerade! André war nur unter einer Bedingung, daß er nämlich genau dies tun dürfe, mitgekommen. Er hatte uns fest versprochen, sich strikt an unsere Anweisungen zu halten, so daß keinem der Gläubigen auffallen würde, daß einer der drei Meßdiener ein gänzlich ungeschulter sei. Eine Weile ging auch alles gut, und André hielt sich weitgehend an sein Versprechen.

Er wartete voller Ungeduld auf den heiligen Augenblick, das heißt auf den Moment, wo sich der jeweils Auserwählte in die Mitte des großen Altars stellen sollte, um zunächst mal eine Weile das Rauchfaß warmlaufen zu lassen. Mit vorsichtigen Schwenkbewegungen mußte man versuchen, das Feuer am Brennen zu halten, damit im richtigen Moment optimal Rauch produziert werden konnte. Ein erfahrener Meßdiener war imstande, während einer einzigen Andacht einen derartigen Rauchschwaden zu legen, daß danach der Küster mit Nebelleuchten die Kirche zuschließen mußte.

André schwelte also langsam auf seinem Posten und wartete auf ein kurzes Nicken von Jean-Philippe zum Zeichen fürs Freischwenken. Wir beobachteten ihn zunächst voller Skepsis aus den Augenwinkeln, kamen aber schon bald zu der Überzeugung, daß wir es hier mit einem Vollblutprofi auf dem Gebiet des Rauchfaßschwenkens zu tun hatten. Deshalb wandten wir uns unseren eigenen zur Andacht gehörigen Aufgaben zu, während André sich voller Hingabe der Schwenkerei widmete.

Es schien so, als sollte auch kein bißchen Weihrauch übrig bleiben. Immer schneller drehte sich das Faß, und bald schon mußten die Sonnenstrahlen einem erstickenden „Fog" weichen, wie man ihn in Industrie- oder Bergbaugebieten antreffen mag.

Bis dahin hatte die ganze Sache für uns nichts Außergewöhnliches. André macht nie halbe Sachen - und die andere Hälfte sollte erst noch kommen!

Die Situation in der Kirche war nun so, daß das gemeinschaftliche Gebet in ein massenhaftes Keuch- und Hustenkonzert übergegangen war. Das galt allerdings nur für die noch Atmenden, die sich gegenseitig vorsichtig auf den Rücken klopften - andere hingegen wurden in Seitenkapellen von den Gläubigen, die über eine Sanitäterausbildung verfügten, zum Bewußtsein gebracht. Der Pfarrer hatte inzwischen wegen der schlechten Sicht die Notbeleuchtung einschalten lassen. Zu diesem Zeitpunkt versuchte André, unsere Aufmerksamkeit auf sich zu lenken, indem er ein ziemlich ordinäres, zischendes Pssscht... -Geräusch von sich gab - eine Art der Kommunikation, die in Kirchen eher unüblich ist.

In der Zwischenzeit hatte Andrés Weihrauchfaß tüchtig aufgeholt. André machte weiterhin seine Pssscht...-Geräusche, bis die beiden Brüder endlich den Kopf zu ihm umdrehten. Wir konnten so eben noch erkennen, wie sein Rauchfaß, das er bis dahin nur von links nach rechts geschwenkt hatte - allerdings immer höher - jetzt einen vollen Kreis beschrieb. Es kam wieder herunter, und sofort schleuderte André es - hoppla! - mit kräftigem Schwung wieder hoch! Das Faß umkreiste den Schwenker zweimal, dreimal..., und es sah nicht so aus, als würde es so bald wieder mit dem Kreisen aufhören.

André hatte inzwischen die breitbeinige Beinstellung eines Sportlers eingenommen, wahrscheinlich, um das Gleichgewicht nicht zu verlieren. Er glich jetzt eher einem Diskuswerfer mit Lasso.

Jean-Philippe und mir wurde klar, daß die Sache völlig außer Kontrolle geraten war. Niemand war mehr Herr der Lage. Auch der Pfarrer mußte mangels Atemluft aufgeben und suchte, sich an der Wand entlangtastend, seinen Weg nach Hause. Nur André stand strahlend weiterhin in seinem Rauchkarussell, das inzwischen einem von Hand angetriebenen Propeller glich. Das Schlimmste stand uns jedoch noch bevor!

Entweder bekam André Muskelschmerzen, oder die Geschichte hatte ihm inzwischen lange genug gedauert – wie auch immer, er hatte beschlossen, den Höhenflug zu beenden und allmählich herunterzukommen. Aber das eben war das Risiko, wenn man ohne Schulung den Meßdiener machen wollte, denn jetzt war die Katastrophe nicht mehr aufzuhalten. Man konnte diesen „Ventilator" unmöglich ungestraft anhalten. Keiner hätte das gekonnt, aber dennoch wollte André gern aufhören, und dann verlor er kurzfristig die Gewalt über das Steuer. Er versuchte noch, mit virtuosem Geschick sein Rauchfaß aufzufangen, aber der antiquarische, versilberte Gegenstand aus dem fünfzehnten Jahrhundert schlug mit rasanter Fahrt zu Boden. Der glühende Weihrauch lag daneben, und von dem Rauchfaß war nicht mehr übrig als eine antiquarische Beule von unschätzbarem Wert. Und damit fand Andrés religiöse Karriere ein jähes Ende.

Wir ließen das schrottreife Rauchtöpfchen am Boden liegen und traten den Heimweg an. Unterwegs sprach keiner ein Wort.

Alle diese wertvollen Gegenstände befinden sich seitdem in der Schatzkammer der Basilika. Man kann sie auf Wunsch besichtigen. Sollten Sie dort jemals sieben silberne Weihrauchfässer hängen sehen, und darunter ein völlig verbeultes, dann hat das nichts mit dem Bildersturm zu tun. Es handelt sich vielmehr um jenes arme Weihrauchfaß, das unter der Leitung von André Rieu während der 5-Uhr-Andacht zunächst aus der Kurve flog und anschließend am Boden zerschmetterte. Es war die Andacht, die für fünf Uhr geplant war, die jedoch immer erst um zehn nach fünf begann.

Robert Rieu,
Marseille 1996

ALL YOU NEED
IS LOVE

*I*n den Jahren, die auf meine Kindheit folgten, also etwa ab meinem vierzehnten Lebensjahr, gab es in meinem Leben eigentlich nur noch eins, nämlich lernen, lernen und nochmals lernen. Was diese Zeit angeht, ist mir fast nichts anderes in Erinnerung geblieben. Schulunterricht, Geigenstunde... Schulunterricht, Geigenstunde... ewig der gleiche Trott. Das war nicht so schlimm, solange alles klappte – aber es gab auch Momente, wo nichts gelingen wollte, und dann war es zum Verzweifeln.

Kein Wunder also, daß ich mich mit großer Regelmäßigkeit Hals über Kopf verliebte und in Tagträume flüchtete. Wenn mir der Lehrstoff zu langweilig wurde oder der Kampf mit den Physikaufgaben zu schwer, dann schwebte ich in Gedanken von zu Hause fort und dachte an die hübschen Mädchen in der Schule und im Chor. Dabei mußte ich es damals leider bewenden lassen, denn für eine Konkretisierung meiner wilden Träume blieb neben Schule und Geigenunterricht keine Zeit.

Nun ja, in Wirklichkeit war es eigentlich nicht nur eine Frage der Zeit. In unserer großen Familie spielte jeder mindestens ein Instrument, so daß zu jeder Tageszeit aus mehreren Zimmern gleichzeitig Tonleitern und Etüden erklangen. Man hörte im Haus Klavier, Blockflöte, Trompete, Oboe, Cello, Geige und Harfe. Und Leiter dieses Minikonservatoriums war der Herr Papa-Dirigent.

Es versteht sich von selbst, daß dort, wo ein Dirigent das Zepter führt, das Studium der Musik ganz besonders ernst genommen wird. Die Musik stand bei uns im Mittelpunkt, alles andere war Nebensache. Mit Mädchen ausgehen, mal ein bißchen herumgammeln oder in der Kneipe ein Bier trinken – solche Sachen waren für uns tabu. Statt dessen füllte sich unser Leben mit Etüden, Sonaten und klassischen Konzerten. Die berühmten „roaring Sixties" sind an uns still und spurlos vorübergegangen. Daß es damals so etwas wie die Beatles und Rolling Stones gegeben hatte, erfuhr ich erst, als sie bereits dabei waren, ihr Comeback zu starten!

Obwohl ich insbesondere die Musik der Beatles sehr gut finde, quält mich nicht das Gefühl, damals viel versäumt zu haben. Für uns bestand die Welt schlicht und einfach aus Bach und Mozart, Strawinsky und Orff. Vor allem letzterer war bei uns Kindern sehr beliebt. Im Flur neben dem Badezimmer stand ein Plattenspieler, auf dem immer die jeweilige „Platte des Monats" lag, das heißt die Nummer eins unserer eigenen, hausinternen Hit-Liste. Eine Zeitlang waren das beispielsweise die *Carmina Burana* von Carl Orff. Wer ins Bad ging, stellte – möglichst laut – den Plattenspieler an, so daß man die Musik praktisch auch noch unter Wasser hätte genießen können. Das war phantastisch! Auch Mozarts Oper *Così fan tutte* war irgendwann einmal „Badezimmerhit". Es dauerte nicht lange, da konnten wir sie – wie auch die *Carmina* – auswendig und sangen im Chor mit.

Yesterday kam erst „übermorgen"...

EINSAM
UND
UNGLÜCKLICH

*N*achdem ich das Gymnasium absolviert hatte, studierte ich mit Robert zusammen einige Jahre an den Konservatorien von Maastricht und Lüttich. Weil letzteres in der Nähe von Maastricht liegt, fuhren wir – zu zweit auf einem Moped – immer hin und zurück, so daß wir weiterhin zu Hause wohnen konnten.

Ich machte einige Studienreisen, unter anderem nach Deutschland sowie nach Nord- und Südamerika. In Deutschland lernte ich den berühmten ungarischen Geigenpädagogen André Gertler kennen, der eine Professur am Brüsseler Konservatorium hatte, und ich beschloß – im Alter von nun vierundzwanzig Jahren –, mein Studium bei diesem Lehrer fortzusetzen. Nach einer strengen Auswahlprüfung wurde ich in seine Klasse aufgenommen.

Ich packte meine Siebensachen und siedelte nach Brüssel über, wo ich eine einfache Studentenwohnung bezog – ein ziemlich euphemistischer Ausdruck für die mickrige Dachstube im vierten Stock eines alten und verkommenen Hauses, das aber immerhin in der Nähe des Konservatoriums lag. Die Straße, in der ich wohnte, könnte man durchaus mit den berüchtigten „Walletjes" im Amsterdamer Rotlichtviertel vergleichen! Viel von dem, was sich draußen abspielte, bekam ich allerdings nicht mit, weil meine Dachkammer nur ein winziges Fensterchen hatte, mit Blick auf den Himmel. Das einzig Schlechte, das ich zu sehen bekam, war also allenfalls das Wetter, und das einzig wirklich Gefährliche war vielleicht der durchdringende Gasgeruch, der ständig durchs Haus zog. Aber meine bohemienhafte Unterkunft hatte den großen Vorteil, daß sie billig war. Ich mußte ja jetzt zusehen, daß ich in der teuren Stadt Brüssel mit meinem bescheidenen Studentenetat zurechtkam.

Das gelang mir aber leider nicht so ganz. Also begab ich mich auf die Suche nach Möglichkeiten, mir ein paar Francs dazuzuverdienen. Durch Zufall geriet ich an ein kleines, etwas finsteres Fotostudio und den Job eines Models. Für das Schlittschuhlaufen in namhaften Jeans oder das fröhliche Herumkauen auf einem bekannten Stückchen Kaugummi ohne Zucker stellte man mir beträchtliche Summen in Aussicht. Welch ein Traumjob! Ich war im siebten Himmel – was dieses erste Semester anbetraf, waren alle finanziellen Sorgen erst einmal gebannt. Mein Geschäftssinn war jedoch offenbar noch nicht sehr entwickelt, denn ich vergaß leider, mich durch entsprechende Vereinbarungen abzusichern. Es stellte sich heraus, daß das Studio zwar groß im Fotografieren, nicht aber im Zahlen war. Letzteres wollte man erst tun, wenn ich meine Bereitschaft erklärte, mich auch nackt ablichten zu lassen. Igitt! Ich bedauerte zwar, die vielen Stunden umsonst gearbeitet zu haben, verzichtete aber trotzdem auf mein Honorar und gab dem Armsein den Vorzug.

André Gertler war ein ganz besonderer Mensch. Im allgemeinen kam ich gut mit ihm aus. Sein Ruhm als Lehrer war so groß, daß ihm aus der ganzen Welt Geiger zuströmten, und in seiner Klasse waren über zwan-

Die Klasse meines Geigenlehrers André Gertler (vorn, Mitte). Der zweite in der letzten Reihe links bin ich.

42

zig Nationen vertreten. Abgesehen von seinem einmalig guten Geigenunterricht verdankte er seinen Ruf unter anderem auch der Gabe, ungeheure Schimpfkanonaden loslassen zu können. Wenn man Pech hatte,
gefiel ihm eines Tages urplötzlich die Art und Weise nicht mehr, wie
man Geige spielte. Dann fing er an, einen wie verrückt anzuschreien
und ließ kein gutes Haar mehr an einem. So hat er einmal ein Mädchen,
das gerade aus Argentinien eingetroffen war und zum ersten Mal am
Klassenunterricht teilnahm, wegen einer einzigen falschen Note so wahnsinnig beschimpft, daß das arme Geschöpf völlig aus der Fassung geriet
und davonrannte. Sie hat das erstbeste Flugzeug nach Buenos Aires
genommen und ist nie wiedergekommen.

Wenn man es allzu bunt trieb, das heißt, nicht nur eine falsche Note
spielte, sondern diese falsche Note auch noch zu laut oder zu leise, dann
konnte es geschehen, daß Herr Gertler förmlich explodierte. Zunächst
schlug er mindestens zehnmal die richtige Note so kräftig auf dem Flü-
gel an, daß man um das Instrument bangen mußte, und schrie dabei laut
„Tá, tá, tá, tá, tá ....!" Daraufhin fing er furchtbar an zu schnaufen. Er
lief rot und blau an, schnappte nach Luft, setzte eine Brille mit schwarzen Gläsern auf und griff verzweifelt nach der Dose mit seinen Herzta-
bletten. Und am Ende erfolgte der Rausschmiß, wobei er einem noch in
den Flur nachrief, man solle doch besser versuchen, „eine Stelle an der
Musikschule von Timbuktu zu bekommen!"

Wenn man dann am nächsten Tag wieder in der Klasse erschien und
fleißig geübt hatte, war er die Freundlichkeit in Person und ein wirklich
liebenswerter alter Herr, der einem prophezeite, daß man es als Geiger
noch sehr weit bringen werde!

Erlebte man eine dieser Explosionen zum ersten Mal, so wurde
einem vor Schreck ganz mulmig, aber nach einiger Zeit wurde einem
klar, daß er dieses ganze Theater nur aufführte, um einen zur Arbeit
anzutreiben. Unglaublich! Außerdem merkte man, daß er wirklich ein
ausgezeichneter Lehrer war. Jedenfalls lernte ich viel von ihm, und das
war die Hauptsache.

Im Großen und Ganzen war, wenn ich ehrlich sein soll, meine Studentenzeit in dieser riesigen Stadt, in der ich so gut wie niemanden
kannte, eine einzige Enttäuschung. Ich hatte - vor allem am Anfang -
keine Freunde. Das Studium war durch die vielen Pflichtfächer sehr
anstrengend, und Gertler stellte so hohe Anforderungen an seine
Schüler, daß sich alle ausschließlich auf das Studium konzentrierten.
Man gönnte sich einfach nicht die Zeit, sich auch außerhalb des Unter-
richts zu treffen, sich näher kennenzulernen und vielleicht sogar Freundschaften zu schließen. Mein Bruder Robert, der in der Kinderzeit mein

ständiger Kamerad gewesen war, war weit weg. Er saß inzwischen selber einsam in einer ähnlichen Studentenbude in Wien und studierte Cello. Ich hatte zu wenig Geld, um hin und wieder etwas Interessantes zu unternehmen, und auch der Unterricht trug nicht gerade zu meiner Erheiterung bei. Aus dem Job war nichts geworden, die muffige Dachkammer ohne Aussicht wirkte nicht sonderlich inspirierend, und hübsche Mädchen, von denen ich hätte träumen können, gab es in meiner Umgebung auch nicht.

Zum ersten Mal in meinem Leben fühlte ich mich einsam und sehr unglücklich.

Hier endet – kurz vor meinem fünfundzwanzigsten Geburtstag – die Geschichte meiner Jugend und Studentenzeit. Glücklicherweise sah mein Leben einige Monate später schon wieder ganz anders aus.

GLÜCK!

*E*s muß ein glücklicher Stern gewesen sein, der damals, vor zwei-undzwanzig Jahren, über meiner ersten Fahrt zu Marjorie stand. Ich hatte eine Woche bei einer Tante in Hilversum verbracht und löste nun auf dem Bahnhof eine Fahrkarte nach Maastricht. Oder besser gesagt: Ich wollte eine lösen, denn als ich endlich mein ganzes Kleingeld aus Mantel- und Westentaschen zusammengesucht und vor dem Fensterchen des Schalters ausgebreitet hatte, zeigte sich, daß es für die Fahrt zu mei-ner frischgebackenen Liebe nicht reichte.

Was nun? Ich schaute das Fräulein hinter der Scheibe fragend an. Die trommelte aber nur mit den Fingern auf ihren Tresen und warf einen vielsagenden Blick über meine Schulter auf die Schlange, die sich bereits hinter mir gebildet hatte.

Ich dachte nach. – Nun ja, sagte ich mir, dann eben nicht ganz bis nach Maastricht.

„Wie weit komme ich denn damit?" fragte ich das immer ungeduldi-ger werdende Fräulein.

„Einen Augenblick..." Tick, tick, tick machte ihre Rechenmaschine.

„Eindhoven", antwortete sie dann, nur an den nackten Zahlen inter-essiert und sich überhaupt nicht im klaren darüber, wie sehr sie mit ihrer Antwort mein weiteres Leben und meine Karriere aufs Spiel setzte.

Offenkundig hatte der Herr, der hinter mir in der wartenden Schlan-ge stand, mehr Sinn für die Tragik dieses Augenblicks. Vielleicht war ich ihm aufgefallen, weil ich eine riesige Bärenmütze aufhatte (so eine mit Ohrenklappen, die man herunterziehen und dann unter dem Kinn zusammenbinden kann). Oder es war der Geigenkasten gewesen, den ich wie immer bei mir trug, der seine Aufmerksamkeit erregt hatte. Ich weiß es nicht. Jedenfalls tippte er mir auf die Schulter, lächelte und frag-te freundlich:

„Wohin möchten Sie denn?"

„Zu meiner Freundin nach Maastricht", antwortete ich erstaunt.

„Würden Sie mir dann vielleicht erlauben, den Rest Ihrer Reise zu übernehmen?"

Ich kannte den Herrn nicht, aber sein Gesicht strahlte etwas so Vertrauenerweckendes aus, daß ich mich über das strenge Gebot aus meiner Kindheit, niemals etwas von fremden Menschen anzunehmen, hinwegsetzte und dankbar von seinem Angebot Gebrauch machte. Ich nahm die Fahrkarte für die Reise von Hilversum bis Maastricht in Empfang und rannte zum Zug, den ich gerade noch erwischte.

Welch ein Glück übrigens, daß man damals diesen breiten roten Klebestreifen auf dem Boden, der heute den Privatbereich vor dem Bahnhofsschalter gewährleisten soll, noch nicht erfunden hatte. Denn ich fürchte, daß mein Leben sonst ganz anders verlaufen wäre.

Jetzt aber, wo mich das Schicksal förmlich in die Arme der zur verabredeten Zeit auf dem Bahnsteig in Maastricht wartenden Marjorie trieb, war ich fest davon überzeugt, daß mir unser Zusammensein Glück bringen würde.

Ich habe leider nie herausfinden können, wer dieser nette Herr gewesen ist, der mit seiner großzügigen Geste wesentlich zur Begründung meiner heutigen Karriere und meines Lebensglücks beigetragen hat. Ich glaube, ich würde ihn sofort erkennen, wenn ich ihn wiedersähe. Aber vielleicht liest er ja diese Geschichte und erinnert sich an den Vorfall. (Melden Sie sich dann doch bitte bei mir, ich schulde Ihnen noch eine Fahrkarte!)

Von Hilversum nach Maastricht reiste ich damals allein. Die Fahrt dauerte zwei Stunden, die mir wie eine Ewigkeit vorkommen wollten. Den Weg in umgekehrter Richtung legten Marjorie und ich dann gemeinsam zurück, und diese Reise hat zwanzig Jahre gedauert! Es war eine spannende, manchmal schwierige, meistens jedoch angenehme Reise, die wie im Flug verging, weil wir zu zweit waren. Nach diesen zwanzig Jahren kam ich nämlich wieder nach Hilversum – diesmal in das berühmte Hilversum, das als Sitz sämtlicher Rundfunk- und Fernsehanstalten des Landes das Mekka eines jeden niederländischen Künstlers ist.

Meinen heutigen Erfolg verdanke ich der Tatsache, daß wir beide gemeinsam auf dieses Ziel hingearbeitet haben. Dies allerdings nicht in dem Sinn, daß wir uns dauernd gesagt hätten: Los, packen wir's an, in zwanzig Jahren haben wir's geschafft. Denn so läuft das natürlich nicht. Vieles hat sich einfach ergeben. Wir haben uns am Anfang beide durchaus ein wenig auf des Lebens Wogen treiben lassen, dies und jenes versucht, bis wir eines Tages in einen Strom gerieten, der uns gefiel. Es bedurfte einer längeren Fahrt, bis uns schließlich klar war, welcher Richtung wir folgen wollten. Erst dann haben wir gemeinsam und bewußt an meiner persönlichen Karriere gearbeitet.

Marjorie und ich in dem Jahr, in dem wir uns zum ersten Mal begegnet sind.

MARJORIE

*M*arjorie und ich kannten uns eigentlich schon von frühster Jugend an. Sie ging mit meiner Schwester Teresia in die Untersekunda, und wir begegneten uns zum ersten Mal anläßlich einer Klassenfeier, die zur Zeit des Nikolausfestes in unserem Haus stattfand. Wir – Teresias Geschwister – durften helfen, Limonade und Marzipankuchen herumzureichen. Ich war noch ein kleiner Untertertianer und kaum dreizehn Jahre alt, aber schon bis über beide Ohren in Romy Schneider, beziehungsweise in die von ihr verkörperte Kaiserin Sissi verliebt. Darum interessierten mich die Klassenkameradinnen meiner Schwester ganz und gar nicht. Allerdings befand sich unter den dreißig kichernden jungen Damen der katholischen (und daher nicht gemischten) Schulklasse ein dunkler Lockenkopf mit fröhlichen Augen, der mir doch auffiel.

Lockenkopf selber interessierte sich an diesem Abend hauptsächlich für Geschenke und Nikolausgedichte. Aber eins sei ihr, Marjorie (denn um sie handelt es sich natürlich), doch in Erinnerung geblieben, wie sie mir später erzählte: Zu Hause Einzelkind, sei es ihr so vorgekommen, als wäre da bei uns dauernd ein Haufen Zwerge mit Kuchen und Keksen herumgekrochen, die angeblich alle Geschwister ihrer Klassenkameradin Teresia waren. Von diesen vielen Winzlingen sei ihr nur ein einziges Gesicht und ein einziger Name im Gedächtnis haften geblieben: André.

Sie zeigte aber damals noch kein allzu großes Interesse am starken Geschlecht – schon gar nicht an diesem kleinen Knirps –, und wir verloren uns für lange Zeit aus den Augen. Etwa sechs Jahre später sah ich sie noch einmal ganz kurz, als ich Teresia mit dem Auto zu einem Klassentreffen in Marjories Elternhaus brachte. Seit diesem Tag dachte ich jedesmal, wenn ich mit dem Moped auf dem Weg zum Konservatorium in Lüttich bei ihr in der Nähe vorbeifuhr: Da drüben wohnt die Marjorie (ohne zu wissen, daß sie inzwischen längst nicht mehr bei den Eltern wohnte, sondern in einer Studentenbude in Nimwegen, wo sie Germanistik studierte). Mehr Aufmerksamkeit widmete ich zu jener Zeit weder ihr noch anderen Mädchen. Ich war ja viel zu sehr mit meinem Geigenstudium beschäftigt!

„The first waltz..."

Auch Marjorie hatte mich dem Anschein nach in Nimwegen, dort vorwiegend von Männern umgeben, längst wieder vergessen. Nur manchmal, wenn sie während ihrer Sommerferien in Maastricht an schönen Abenden mit dem Fahrrad an unserem Haus am Stadtpark vorbeifuhr, kam ihr dieser Knabe namens André dunkel wieder in den Sinn.

Erst zwölf Jahre nach unserem ersten Treffen kam es zu einer erneuten Begegnung, und zwar bei einem Konzert meiner Schwester Teresia, die inzwischen eine berühmte Harfenistin geworden war. Da wurde bei uns beiden zu einer mächtigen Flamme, was bis dahin nur ein kleines Sparflämmchen gewesen war – und diese Flamme sollte dann nie wieder verlöschen.

Marjorie sah in mir die Verkörperung eines romantischen Ideals, nämlich des „lieben und intelligenten, aber armen Künstlers"[2]. (Was das letztere anbelangt, muß sie sich im nachhinein etwas hereingelegt fühlen, aber daran ist sie schließlich selber nicht ganz schuldlos!) Und für mich war sie die lang ersehnte Erfüllung aller meiner Träume, denn sie war lieb, hübsch, intelligent und hatte Humor.

Was unser Liebesleben betrifft, möchte ich hier nicht ins Detail gehen. Es mag genügen, wenn ich sage, daß wir uns liebten und daß die Liebe uns beide inspirierte – damals und jetzt immer noch. Ohne diese Liebe, die eine kameradschaftliche, konkurrenzlose Zusammenarbeit ermöglicht, hätte ich es wohl nie so weit bringen können.

[2] Das war zu der Zeit, wo ich in meiner Dachkammer in Brüssel hauste!

PIZZA PAGANINI

*E*in paar Monate nach meiner Hochzeit kam ich zu dem Schluß, daß es höchste Zeit sei, endlich mit der Pubertät zu beginnen. Ich war damals etwa 26 Jahre alt (kein Druckfehler!). Auf Grund meines Geigenstudiums war ich ja in dem dafür üblichen Alter nicht dazu gekommen, aber es ist wohl unumgänglich, daß der Mensch eine derartige Entwicklungsphase irgendwann einmal durchläuft.

Mit zehnjähriger Verspätung also zog ich Flower-Power-Blusen an, trug Ohrringe und legte meine Geige, die seit meinem fünften Lebensjahr mein ständiger Begleiter gewesen war, ganz tief unten in den Schrank. Ich verschloß die Tür und warf den Schlüssel in die Maas. Ohne mich bei meinem Lehrer André Gertler abzumelden, kehrte ich dem Brüsseler Konservatorium den Rücken, um mich mit den Dingen zu befassen, die Jugendlichen in der Pubertät besonders gut liegen: Nichtstun und über Gott und die Welt diskutieren. Zum Glück sorgte Marjorie für unser Einkommen, denn sonst hätte ich mir diesen Luxus nicht leisten können.

Allerdings sah ich irgendwann dann doch ein, daß ich selbst auch etwas zu unserem Lebensunterhalt beitragen müßte. An den genauen Anlaß kann ich mich nicht mehr erinnern, aber vielleicht war es auch nur die Tatsache, daß wir zu jener Zeit ganz scharf auf Pizzas waren. Wie auch immer, plötzlich kam uns die Idee, gemeinsam eine Pizzeria zu eröffnen. Wir faßten ein wunderschönes kleines Haus mitten im Maastrichter Künstler- und Studentenviertel ins Auge, wo es uns an Kundschaft bestimmt nicht fehlen würde. (Damals gab es übrigens in den Niederlanden noch kaum Pizzerias.)

Da uns keinerlei Startkapital zur Verfügung stand, wollten wir zunächst einmal mit einer Bude auf dem Markt anfangen und dort zu Hause zubereitete kleine Pizzas in einem Mini-Backofen aufwärmen und verkaufen. Sobald wir dann genug Geld verdient hätten, um die Miete für das hübsche kleine Haus bezahlen zu können, sollte dort unsere PIZZERIA DA ANDRÉ eröffnet werden. Marjorie, die frischgebackene Germanistin, wollte die Serviererin machen (auch sie litt an einer leichten Form von verspäteter Pubertät!), und ich – nach mehr als 20 Jahren Geigenstudium – den Pizzabäcker. Glanzstück der Speisekarte sollte eine PIZZA PAGANINI werden, zu der „Chefkoch André" in eigener Person ein Virtuosenstück von Paganini spielen würde.

Eine hübsche Idee – nur mußte ich, um Paganini spielen zu können, meine Geige schleunigst wieder aus dem Schrank hervorholen und mein Studium fortsetzen!

Nach einigen Monaten der Abwesenheit erschien ich also wieder bei Monsieur Gertler zum Unterricht. Er staunte mich mit großen Augen an und rief: „Großartig! Unglaublich! Da ist ja ein Wunder geschehen, André! Wer hat dich denn in der Zwischenzeit unterrichtet? Du hast ja wahnsinnige Fortschritte gemacht!"

Da soll noch einer etwas Schlechtes über die Pubertät sagen!
Sie ist doch ganz nützlich, auch wenn sie ein bißchen spät eintritt. Das
mag ein Trost sein für die Eltern, die sich so schrecklich aufregen,
wenn ihre Kinder im Pubertätsalter eine gewisse Unwilligkeit an den
Tag legen.
Laßt sie nur gewähren, sie brauchen das –
und irgendwann wird's schon wieder.

ZWEITER TEIL

DAS MAASTRICHTER SALONORCHESTER
1978 BIS HEUTE

I GLISSANDI

*S*eit meiner Heirat mit Marjorie lebte ich wieder in Maastricht, wo ich Anfang 1978 zufällig einer ehemaligen Kommilitonin, der Cellistin Gemma Serpenti, in die Arme lief. Sie erzählte mir beiläufig, daß sie auf Wunsch des Maastrichter Konservatoriumsdirektors ein Salonorchester zusammengestellt und mit diesem bei einer Party in seinem Haus Unterhaltungsmusik gespielt habe.

――――――――

Orchester, die Salonmusik – auch
Kaffeehausmusik genannt – spielten, schossen in jenen
Jahren wie Pilze aus der Erde, bis es dann irgendwann allein in den
Niederlanden an die vierhundert solcher Ensembles gab! Das bekannteste war das RESISTENTIE ORKEST, das auf spielerische Art die
politische Talkshow „Haagse Kringen" musikalisch umrahmte. Immer
wenn ein Minister oder Staatssekretär allzulange redete, setzte das
Orchester ein, so daß der so ungeheuer wichtige Redner völlig
übertönt wurde und – manchmal verärgert, meistens jedoch
lachend – das Mikrophon abgeben mußte.

――――――――

Gemma Serpentis Gelegenheitsensemble, das sich auf Grund der Tatsache, daß man mit einer einzigen Probe auskommen mußte, I GLISSANDI[3] nannte, setzte sich aus zwei Geigen, Bratsche, Cello, Kontrabaß und Klavier zusammen. Die Musiker, zum größten Teil noch Studenten, hatten solche Freude an dieser Musik, daß sie nach der Feier beim Direktor beschlossen, als Salonorchester zusammenzubleiben. Zu weiteren Auftritten kam es zwar nicht, aber sie hatten ihren Spaß am gemein-

――――――――

[3] Glissando – Fachausdruck aus der Musik: mit einem Instrument oder mit der Stimme über mehrere Töne hinweggleiten. Wenn man das bei jeder Note macht, ist die Musik nicht zum Anhören!
„I Glissandi", wörtlich: „Die Gleitenden".

samen Musizieren und studierten hin und wieder etwas Neues ein.

Und so hatten sie bereits achtzehn Musikstücke in ihrem Repertoire, als der erste Geiger plötzlich eine Stelle im AMSTERDAMER PHILHARMONISCHEN ORCHESTER erhielt. Zu meiner Begegnung mit Gemma kam es just an dem Tag, an dem er nach Amsterdam übersiedelte. War das Zufall? Oder Prädestination? Der Himmel mag es wissen! Jedenfalls fragte sie mich, ob ich nicht Lust hätte, seinen Platz einzunehmen. Ich hatte kaum eine Ahnung, was ich mir unter einem Salonorchester vorzustellen hätte, wollte aber trotzdem mal eine Probe bei I GLISSANDI mitmachen. Als wir dann Lehárs *Gold und Silber* spielten, war mir, als täte sich mir eine neue Welt auf. Sofort ergriff mich der Takt, der viele Jahre später zu so etwas wie meinem Lebensrhythmus werden sollte: der Dreivierteltakt, der Walzer.

Welch eine Offenbarung, selbst einen Walzer
zu spielen! Mit Musik dieser Art hatte ich mich während
meines Studiums nie befaßt. Selbstverständlich kannte ich die
Straußwalzer und auch die Operettenmelodien von Kálmán und Lehár.
Mein Vater hatte sie oft genug mit dem LIMBURGISCHEN
SYMPHONIEORCHESTER aufgeführt, meistens im Rahmen seiner
Faschings- und Neujahrskonzerte. Ich erinnere mich, daß er von
Johann Strauß immer mit größtem Respekt sprach. „Der Mann war ein
Genie", sagte er einmal, „Johann Strauß konnte sich zum Beispiel von
klirrenden Gläsern in einem Kaffeehaus inspirieren lassen und besaß
die Fähigkeit, diesen Klang in einen herrlichen Walzer umzusetzen."
Seit ich am Konservatorium studierte, bekam ich jedoch immer mehr
das Gefühl, daß diese Musik in „klassischen Kreisen" nicht ganz ernst
genommen wurde. Selber Walzer zu spielen wäre also damals für mich
überhaupt nicht in Frage gekommen. Auch später, als ich schon
Berufsmusiker war, mußte ich leider immer wieder feststellen, daß ich
mich, was die Einstellung zur Strauß-Musik anbetraf, nicht geirrt hatte.
Wenn Johann Strauß auf dem Programm stand, rümpften die meisten
meiner Kollegen schon im voraus die Nase. Schade, und für mich
noch heute vollkommen unverständlich. Es ist einfach phantastische
Musik, die auch großes kompositorisches Können verrät. Und zu
spielen sind die Straußwalzer alles andere als leicht, sie sind
vielmehr für jeden Musiker eine echte Herausforderung.
Woher also bloß diese Geringschätzung?

Mit Begeisterung akzeptierte ich die Stelle des ersten Geigers in Gemmas Salonorchester. Inzwischen hatte ich allerdings auch eine Stellung im LIMBURGISCHEN SYMPHONIEORCHESTER bekommen und war obendrein noch werdender Vater! Da fehlte die Zeit, die Salonmusik nur als reines Hobby – denn das war sie ja bis dahin für I GLISSANDI gewesen – zu betreiben. Ich wollte die Sache schon etwas ernsthafter angehen. Das Repertoire sollte unbedingt erweitert werden, und außerdem war ich der Ansicht, daß das Ensemble, sollte es Bestand haben, möglichst viele Engagements brauchte. Und schließlich hielt ich auch den Namen für untauglich, denn „Gleiten" war längst nicht mehr unsere Devise.

Und so wurde ich nicht nur erster Geiger des Orchesters, sondern ich bekam bald auch die Neigung, die Leitung zu übernehmen, was die „Altgedienten" nicht gerade mit dankbarer Freude erfüllte. Aber nach so mancher Reiberei und Kinderkrankheit, wie sie nun mal jedes Berufsensemble durchmachen muß, konnte am Ende doch alles in die richtigen Bahnen gelenkt werden. Das Salonorchester besteht mittlerweile schon achtzehn Jahre, und mit einigen Musikern der ersten Stunde bin ich noch immer eng befreundet.

BERLIN
ANNO 1925

Auch Marjorie war von dieser „neuen" Musik, die nun zu uns ins Haus kam, begeistert. Bis dahin hatte sie mich vorwiegend Etüden, Violinkonzerte von Bruch und Bartók oder Bach-Partiten üben hören. Sie liebt die klassische Musik sehr, und zusammen hörten wir uns damals immer wieder beispielsweise Ravels *Ma mère l'oie* oder Richard Strauss' *Vier letzte Lieder* (gesungen von Elisabeth Schwarzkopf!) an. Aber die Musik, die ich jetzt mit nach Hause brachte, erinnerte sie an ihre eigene Jugend und die Zeit, als es in ihrem Elternhaus Brauch war, sich am Sonntagnachmittag im Anschluß an das obligatorische Opernkonzert im Brüsseler Rundfunk die alten Schellackplatten ihres Vaters anzuhören. Diese Schallplatten, von denen die meisten aus der Periode 1920–1930 stammen, waren nicht nur alt, sie hatten vor allem eine sehr bemerkenswerte Geschichte, die für mich größte Bedeutung gewinnen sollte.

Marjories Vater, 1907 in Berlin geboren, kaufte sich als Fünfzehnjähriger einen Plattenspieler – so ein richtiges Koffergrammophon mit großem Schalltrichter und einer Kurbel, die man aufziehen mußte, um Musik zu hören. Da er sich diese teure Anschaffung eigentlich nicht leisten konnte, tat er sich mit einem Freund zusammen, und so stand dann der Apparat die ersten beiden Wochen eines Monats bei ihm, die letzten beiden bei seinem Freund. Auch die Schallplatten, die sie kauften, wurden auf diese Weise „geteilt" – zwei Wochen hatte sie der eine, zwei Wochen der andere. So konnten sie mit ihrem wenigen Geld gemeinsam doch eine recht hübsche Sammlung aufbauen.

Natürlich interessierte die beiden jungen Leute vor allem die Unterhaltungs- und Tanzmusik von damals, also zum Beispiel die Aufnahmen so berühmter Orchester wie JACK HYLTON und ADALBERT LUTTER. Aber da gab es noch mehr.

Da sie in Berlin lebten, das in jenen Jahren bei aller Welt als *das* Zentrum des kulturellen Lebens galt, hatten sie das Glück, um 1925 die interessantesten Veranstaltungen, darunter auch Erstaufführungen später weltberühmter Theaterstücke und Opern miterleben zu können. Im „Theater am Schiffbauerdamm" wurde zum Beispiel 1928 *Die Dreigroschenoper* von Bertolt Brecht uraufgeführt. Die von Kurt Weill komponierten Melodien wurden ganz unbeabsichtigt zu Schlagern, so vor allem der *Song von Macky Messer,* ein richtiger Hit, der bald von jung und alt gesungen und gepfiffen wurde. Auch Musik dieser Art gehörte – in Originalausführungen, etwa mit Lotte Lenja – zur Schallplattensammlung meines Schwiegervaters und seines Freundes.

Aber leider dauerten die „Goldenen Zwanziger" nicht an, und das Blatt wendete sich in dramatischer Weise. Marjories jüdische Großeltern flohen im Juli 1933, also wenige Monate nach Hitlers Machtübernahme, in die Niederlande. Der Großvater, ein Textilhändler, gründete in Maastricht eine kleine Hutfutterfabrik. (Das Gebäude steht übrigens noch und liegt nur ein paar Meter von dem Haus entfernt, in dem wir heute wohnen. Samstag nachmittags spielen dort kleine Jungen einer Pfadfindergruppe – zum Glück ohne etwas von der Vorgeschichte ihres Klubhauses zu wissen.)

Nach drei Jahren hatten sich die Großeltern in Maastricht eine Existenz aufgebaut, die ihnen ein leidliches Auskommen sicherte, und so war es ihnen möglich, nun auch ihre drei Söhne und eine Schwiegertochter aus Berlin nachkommen zu lassen. Viel konnten diese nicht mitnehmen, aber im Gepäck meines Schwiegervaters befand sich neben dem Allernotwendigsten und zehn Reichsmark – mehr durfte nicht ausgeführt werden – auch seine einmalige Schallplattensammlung. Die war inzwischen auf dreihundert Stück angewachsen und enthielt auch den Teil seines Freundes, der, unter Zurücklassung seiner gesamten Habe, nach Südamerika geflohen war und ihn gebeten hatte, sich um seine Schallplatten zu kümmern.

In Maastricht fing mein Schwiegervater ein neues Leben an. Kurz nach seiner Einwanderung lernte er auf einem Ball in Valkenburg meine Schwiegermutter kennen, die, wie er, die Musik sehr liebte. Zusammen hatten sie viel Spaß an den Platten, die er mitgebracht hatte und die damals in Holland überhaupt noch nicht erhältlich waren.

Allerdings währte die Freude aneinander und an der Musik nicht lange, denn in den nun folgenden Jahren wurde das Leben immer mehr zur Hölle, in der es einzig und allein ums nackte Überleben ging.

1942 kam mein Schwiegervater – mit Hilfe meiner im Widerstand tätigen Schwiegermutter – an eine Adresse, wo er untertauchen konnte. Die geliebte Schallplattensammlung, praktisch das Letzte, was ihm aus Berlin geblieben war, konnte er nicht mitnehmen, der Raum reichte nur für das Allernötigste. Alles übrige, also auch die kostbare Sammlung, mußte irgendwo anders untergebracht werden. Sowohl mein Schwiegervater als auch seine Schallplatten mußten während des Krieges aus Sicherheitsgründen noch etliche Male den Aufenthaltsort wechseln.

Er überlebte den Krieg (mit ihm seine Mutter und ein Bruder), heiratete 1945 und begann zum zweiten Mal ein neues Leben. Zuerst war es ein harter Kampf, denn von dem, was die Familie vor dem Krieg besessen hatte, war nicht viel übriggeblieben. Gottlob aber seine geliebten Schallplatten! Und nach einiger Zeit konnte er sich dann doch wieder seiner früheren Liebhaberei widmen, das heißt Musik hören und sammeln.

Seine ohnehin schon sehr umfangreiche Sammlung wurde jetzt um vieles erweitert: Opern und Operetten, leichte klassische Stücke und Musik aus den Nachkriegsjahren, also amerikanische und englische Tanzmusik, französische Chansons, internationale Schlager und Evergreens. Das vielseitige Repertoire reichte von Barnabas von Gézy bis zu Paul Godwin und Glenn Miller, von Richard Tauber und Caruso bis zu Maurice Chevalier, Josephine Baker und Marlene Dietrich. Es waren bald Hunderte von großartigen Aufnahmen, an denen die Familie, in der Marjorie aufwuchs, viele Jahre ihre Freude hatte, so daß auch sie sich – wenngleich in anderer Weise als ich – ein Leben ohne Musik überhaupt nicht vorstellen konnte.

Und eben diese Musik, diese einmalige Sammlung alter, krächzender Schellackplatten, die eine so lange und eindrucksvolle Geschichte hatte, sollte jetzt – nach all den Jahren – zur Grundlage meines Erfolgs werden.

ALTPAPIER

*A*ls ich – nach meinem Eintritt in das Salonorchester I GLIS-
SANDI – auf der Suche nach Möglichkeiten war, unser Repertoire zu
erweitern, spielte mir Marjorie einmal einige Schallplatten aus der
Sammlung ihres Vaters vor.

Ich muß gestehen, daß ich die meisten dieser Stücke nicht kannte,
weil ich ja ausschließlich mit klassischer Musik aufgewachsen war. Die
Serenade von Toselli hatte ich wirklich noch nie gehört und neben vielem anderen den Walzer *Wiener Praterleben,* besser bekannt unter dem
Namen *Sportpalastwalzer,* auch nicht. Aber obwohl diese Musik mir
unbekannt war, sprach sie mich dennoch sofort an, und schon bald
wurde mir klar, daß sie genau das war, was ich suchte.

Nach all den vielen Jahren wurden nun die bleischweren Alben mit
den krächzenden Schellackplatten wieder hervorgekramt. Es waren über
fünfhundert Stück, die Marjorie und ich jetzt durchsehen mußten, um
zu entscheiden, was davon in Frage kam und was nicht. Zum Glück
hatte mein Schwiegervater seine Schallplatten katalogisiert, so daß wir
sie nicht alle zu spielen brauchten. Wir sahen uns die Titel an, und da
Marjorie die meisten kannte, sang sie mir die Melodien vor. Wenn mir
ein Stück zusagte, legten wir die Schallplatte beiseite. So fanden wir
außer der bereits erwähnten *Serenade* von Toselli und dem *Sportpalastwalzer* Titel wie *Bummelpetrus, Plaisir d'amour, Wien bleibt Wien, La peti-
te Tonkinoise, The Veleta* und *Salut d'amour* – alles irgendwann einmal
große „Hits", die dann aber in Vergessenheit geraten waren. *Salut
d'amour* von Edward Elgar zum Beispiel war die Erkennungsmelodie des
Tanzorchesters PAUL GODWIN, das in den fünfziger Jahren regelmäßig
im niederländischen Rundfunk zu hören war.

Nun ergab sich jedoch ein großes Problem. Wir hatten zwar ein
ansehnliches Repertoire an geeigneten Musikstücken zusammengesucht,
aber als ich dann im Musikladen die Noten zu dieser heiter-beschwing-
ten Musik bestellen wollte, stellte sich heraus, daß sie nicht mehr zu
bekommen waren. Weder in Maastricht noch in Amsterdam, Den Haag
oder sonstwo in Holland war auch nur eine einzige Melodie zu finden.

Wir fuhren nach Aachen, Köln, Lüttich und Brüssel und suchten zahlreiche Musikgeschäfte und Antiquariate auf, wo wir in riesigen Kästen mit „Altpapier" herumkramten. Doch das Ergebnis unserer wochenlangen Sucherei war gleich Null! Die Noten waren leider nirgends mehr aufzutreiben.

Dennoch mußte es nach unserer Ansicht eine Möglichkeit geben, an das Gesuchte heranzukommen, denn es hatten ja so viele Angehörige der vorigen Generation diese Musik gespielt. Ich wandte mich an unsere Lokalzeitung. Die Redaktion fand ganz interessant, daß es jetzt in Maastricht auch ein Salonorchester gab, und erklärte sich bereit, uns zu helfen. So erschien ein Bericht mit Foto über unser Ensemble – und das war zugleich die offizielle Geburtsanzeige des MAASTRICHTER SALONORCHESTERS, dem trotz seines geringen Gewichts bei der Geburt (ein Minirepertoire von achtzehn Stücken) ein langes, zumeist glückliches Leben beschieden sein sollte.

Die Zeitung startete eine Sonderaktion zugunsten des taufrischen MAASTRICHTER SALONORCHESTERS und brachte eine ganze Reihe von Artikeln über die Salonmusik im weitesten Sinne. Sie berichtete natürlich in erster Linie über unser Ensemble, dann aber auch von Salonorchestern, die es früher hierzulande gegeben hatte, von musikalischen Lokalgrößen vergangener Tage und von Tanzorchestern der Vorkriegsjahre. Damit das Ganze anschaulicher wirkte, wurden die Artikel mit vergilbten Fotos und wunderschönen alten Zeichnungen illustriert. Und jedesmal forderte die Zeitung vor allem die älteren Leser auf, doch mal auf dem Dachboden oder im Keller nachzuschauen, ob nicht irgendwo noch alte Noten versteckt lägen, mit denen ein paar armen Musikanten geholfen werden könnte.

Das Ergebnis nach einigen Wochen war eine ganze Wagenladung Salonmusik. Unglaublich! Es war einfach phantastisch, zu sehen, wie begeistert die Leute waren! Sie schickten nicht nur Musik, sondern auch Briefe, Fotos und alte Zeitungsartikel. Unsere Zeitung druckte davon soviel wie möglich ab, dazu immer wieder die dringende Bitte, Noten zu schicken. Schließlich wurden so viele Kartons abgeliefert, daß wir sie nicht mehr in unserer kleinen Wohnung unterbringen konnten, sondern sie auf alle Mitglieder des Salonorchesters verteilen mußten.

Ach, waren wir froh, Marjorie und ich! Ich erinnere mich noch genau, wie wir beide auf dem Fußboden saßen, umgeben von nichts als staubigen, muffigen Notenblättern. Wochenlang sahen wir uns alles an, ein Stück nach dem anderen. Marjorie kann nicht so gut Noten lesen, weshalb es jetzt an mir war, ihr die Melodien vorzusingen. Wenn ihr ein Musikstück bekannt vorkam, legten wir es auf den Stapel „Durchspielen". Es war bei weitem nicht alles von Interesse für uns, und so blieben

...in rotem Talar und weißem Chorhemd...
Der Junge in der Mitte mit der nachlässig gebundenen Schleife – das bin ich als
Chorknabe.

Die „Karre", erster Vorläufer des „Straußmobils" (unten). Am Lenkrad mein kleiner Bruder Jean-Philippe, links von ihm und gerade dabei, einen Motorschaden zu beheben, mein Bruder Robert; auf dem Rücksitz (unter meiner Obhut!) meine jüngste Schwester Gaby.

Üben, üben, üben...

Marjorie und ich in der Zeit, als wir
uns zum zweiten Mal begegneten.

von der ganzen Wagenladung am Ende nur einige Kartons mit Stücken übrig, die wir probeweise spielen wollten.

Dann zeigte sich erneut, daß wir einen großen Teil nicht gebrauchen konnten, weil die Musik einfach nicht für unser Ensemble, das noch immer aus sechs Personen bestand, geeignet war. Viele der Stücke, die wir erhalten hatten, waren entweder für großes Orchester oder nur für Klavier geschrieben worden. Zum Schluß blieb von den unzähligen Kartons ein einziger Stapel mit etwa hundert Stücken übrig, die wir für unser Orchester arrangierten, die dann aber später auch wirklich alle Erfolgsnummern geworden sind.

Ich bin all diesen Menschen, die uns damals Noten geschickt haben, noch immer sehr dankbar, denn ohne ihre Hilfe – und die der Zeitung natürlich – wäre es doch sehr schwer gewesen, ein eigenes Repertoire aufzubauen.

BITTE, SAG DU ETWAS,
ICH TRAU MICH NICHT!

Abgesehen von der künstlerischen Entwicklung des MAAS-TRICHTER SALONORCHESTERS war es natürlich wichtig, die ganze Sache auch in organisatorischer Hinsicht richtig anzupacken. Das Aussuchen, Arrangieren und Proben von Musikstücken war zwar eine angenehme Beschäftigung, der wir alle mit dem größten Vergnügen nachgingen, aber schließlich wollten wir ja diese schöne Musik auch gern öffentlich aufführen.

Ich tauschte also die Flower-Power-Kleidung, die ich damals immer noch trug, die aber nicht so recht zum Salon-Image paßte, vorübergehend gegen einen dreiteiligen Anzug in vornehmem Blaugrau aus und begab mich auf die Suche nach Kundschaft.

Da es sich bei unserem Repertoire nun mal um „Musik von Anno dazumal" handelte, wandte ich mich an die Leiter einiger Altenheime. Älteren Leuten, so dachte ich mir, würden wir mit dieser Musik doch bestimmt eine Freude machen. Die meisten Heimleiter begrüßten meinen Vorschlag auch und luden uns für ein Konzert ein. Ein Honorar konnten sie kaum zahlen, aber darum ging's ja nicht. Hauptsache war, daß wir auftreten konnten.

Einer der Heimleiter war so begeistert, daß er uns bat, jeden ersten Sonntag im Monat ein Konzert zu geben, und zwar ein ganzes Jahr lang. Das war eine gewaltige Herausforderung. Wir arbeiteten wie verrückt und studierten das gesamte Material ein, an das wir durch die Zeitungsaktion gekommen waren, so daß wir jeden Monat ein neues Programm bieten konnten.

Es stellte sich heraus, daß es bestimmte Stücke, wie zum Beispiel diese berühmte, einzigartige Toselli-*Serenade* gab, die die Leute immer wieder hören wollten. Sie stand also von Anfang an bei jedem Konzert auf dem Programm und sollte später noch große Bedeutung für das MAASTRICHTER SALONORCHESTER haben.

Und plötzlich ging es rasch voran. Es entwickelte sich buchstäblich eins aus dem andern. So gab es bei jedem Konzert irgend jemanden, der uns zu einem weiteren Auftritt einlud. Bald schon sollten an die Stelle der Altenheime und Rehabilitationszentren Konzertsäle und Theater treten. Aber ich werde nie vergessen, daß dort in den Heimen bei den alten Menschen, die heute vielleicht schon lange nicht mehr leben, der Aufstieg des MAASTRICHTER SALONORCHESTERS begonnen hat. Damals ist mir zum ersten Mal klargeworden, wieviel einem Menschen die Musik bedeuten kann. Man kann jemanden mit Musik wirklich glücklich machen, ihn Kummer, Schmerz und Einsamkeit kurz vergessen lassen und ihm für ein paar Stunden die Illusion eines besseren Daseins schenken.

Dieses Ziel verfolge ich bei meinen Konzerten
übrigens immer noch: Ich will die Menschen einen Abend lang
unbekümmert genießen lassen, so daß sie mit dem Gefühl nach Hause
gehen, daß das Leben vielleicht doch nicht so schlecht ist.
Und zum Glück merke ich an den Reaktionen des Publikums, an
seinem Beifall und den begeisterten Zuschriften, daß mir das im
allgemeinen auch einigermaßen gelingt.

Zu jener Zeit fing ich auch damit an, zwischen den einzelnen Musikstücken ein bißchen zu plaudern. Ich spürte, daß die Zuhörer mehr wollten als nur der Musik lauschen. Sie wollten zum Beispiel wissen, wer die Leute da hinter den Instrumenten eigentlich waren. Und auch mir selbst kam es irgendwie immer komisch vor, die Bühne einfach schweigend zu betreten und übergangslos mit dem ersten Stück zu beginnen. Wenn man irgendwo hereinkommt, begrüßt man ja schließlich auch erst einmal die Anwesenden. Aber ich war sehr schüchtern und traute mich anfangs nicht, viel zu sagen. Beim ersten Mal bat ich sogar noch Gemma, die Cellistin des Salonorchesters: „Bitte, sag du doch etwas zu den Leuten." Aber Gemma beschränkte sich lieber aufs Musizieren, und so blieb mir nichts anderes übrig, als selbst den Mund aufzumachen. Bald merkte ich, daß es die Zuhörer gut fanden, wenn ich so ein bißchen plauderte und daß sie dann der Musik noch aufmerksamer zuhörten – und zwar einfach deshalb, weil auf diese Weise Bühne und Saal in Kontakt miteinander gekommen waren.

Bei diesen ersten Konzerten in den Altenheimen redete ich über ganz alltägliche Dinge – über daheim, über Marjorie und über unser erstes Kind, das unterwegs war. Nach seiner Geburt mußten wir Marc dann unbedingt zu den Konzerten mitbringen, damit alle Heimbewohner ihn bewundern konnten.

Je geübter ich im Erzählen wurde, desto leichter fiel es mir, die häusliche Sphäre zu verlassen und dazu überzugehen, die Musik und ihr „Drumherum" zu erläutern. Zunächst war das reine Improvisation, das heißt, was ich sagte, ergab sich erst während des Konzerts. Aber allmählich fingen wir an, die Texte zu Hause vorzubereiten. Mal schrieb Marjorie etwas, das wir dann zusammen ausarbeiteten und hier und da ein bißchen auf mich zuschnitten, mal fabrizierten wir den Text gleich gemeinsam. Und so machen wir es eigentlich noch heute.

Diese Plauderei zwischen den einzelnen Musikstücken wurde immer wichtiger für mich, so daß sie im Lauf der Zeit zu einem wesentlichen Bestandteil meiner Konzerte geworden ist. Ich habe irgendwann mal probeweise – denn man hört natürlich nie auf zu experimentieren und am Erfolg zu feilen, damit er nicht einschläft – ein „wortloses" Konzert gegeben, also auf die verbindenden Texte verzichtet. Mir bricht heute noch der Schweiß aus, wenn ich daran zurückdenke. Was für eine entsetzliche Verkrampftheit, welche eisige Atmosphäre! Nie wieder! Diesen Kontakt zum Publikum, den ich durch meine Plaudereien herstelle, den brauche ich unbedingt.

Das MAASTRICHTER SALONORCHESTER spielt meiner Großmutter an ihrem 100.(!) Geburtstag eine Serenade.

75

AUSVERKAUFTES HAUS!

*D*er Terminkalender des MAASTRICHTER SALONORCHE-STERS war anfangs vorwiegend mit Konzerten in Altenheimen und mit Proben zur Erweiterung des Repertoires gefüllt. Weil wir natürlich noch kein Geld hatten, um einen Übungsraum zu mieten, probten wir auf dem Dachboden von Gemmas Elternhaus. Marjorie kam immer mit, erstens, weil es ihr Spaß machte – manchmal strickte sie während der Probe Babysachen für Marc –, zweitens, um kritisch zuzuhören und gelegentlich eine Bemerkung zu machen oder einen Hinweis zu geben. Sie war ja schließlich diejenige von uns, die das neue Repertoire kannte. Die Musiker des Salonorchesters hatten alle – wie ich selbst auch – eine klassische Musikerziehung und waren folglich mit diesem leichteren Genre nicht so vertraut.

Nach einiger Zeit beherrschten wir so viel neue Stücke, daß ich es wagen konnte, auch einmal einen Auftritt außerhalb des Altenheimkreises ins Auge zu fassen. Zu diesem Zweck ließen wir ein offizielles Foto unseres Ensembles machen. Die Musiker saßen, stilgerecht gekleidet, in einer entsprechend altmodisch wirkenden Kulisse, die an einen echten alten Salon erinnern sollte; die Requisiten dazu hatten wir uns von den Großeltern ausgeliehen. Wir ließen ein paar hundert Exemplare einer Broschüre drucken, auf deren Umschlag nun dieses schicke Bild unserer Fünferbande prangte (der Bratschist hatte das Salonorchester inzwischen verlassen). Marjorie schrieb den dazugehörigen Text, in dem sie unsere „ausgezeichneten Qualitäten als Hochzeits- und Partyensemble" rühmte, und anschließend schickten wir die Broschüre an mehr als dreihundert Restaurants und Lokale in der Umgebung – auch nach Belgien, das ja sozusagen um die Ecke liegt.

Weil zu jener Zeit die Salonmusik groß in Mode gekommen war, versprachen wir uns sehr viel von unserer Aktion. Gespannt saßen wir daheim, warteten ab und tranken Tee... wochenlang. Aber es kam keine Anfrage, nicht eine einzige! Unsere schönen Broschüren hätten wir ebensogut auch in die Maas schmeißen können. (In ihr war ja schon mehr verschwunden, was ich nicht mehr brauchte!) Offenbar war dies nicht die richtige Methode, mein Salonorchester an den Mann zu bringen.

Ich mußte also erneut den feinen Anzug aus dem Schrank holen. Diesmal machte ich mich darin auf den Weg zu den Theaterintendanten. Nicht gerade eine leichte Aufgabe! Es schien kaum möglich zu sein, auch nur einen Termin zu bekommen, geschweige denn einem der Intendanten ein Konzert zu verkaufen. Solche Leute reden einfach nicht mit einem Künstler, den sie noch nicht einmal vom Namen her kennen.

Zum Glück gelang es mir am Ende doch, zu dem einen oder andern vorzudringen. Math Schmeitz, damals noch Intendant des Wijngracht-theaters und der Rodahalle in Kerkrade, schien der Sache nicht ganz abgeneigt zu sein und verpflichtete uns für ein Weihnachtskonzert in dem herrlichen, romantischen Schloß Erenstein in Kerkrade. Am Tag des Konzerts hieß er uns persönlich als seine Gäste willkommen und betreute sowohl die Konzertbesucher als auch uns wie ein fürsorglicher Familienvater. Ich erinnere mich noch immer gern daran, wie er kurz vor Beginn des Konzerts den Raum inspizierte, hier eine Tischdecke glattstrich, dort eine Weihnachtsdekoration in Ordnung brachte und auf den Tischen Kerzen anzündete. So etwas tut einem als Künstler richtig gut. Noch heute ist es mir ein Graus, wenn ich in ein Theater oder einen Saal komme und niemand ist da, der einen begrüßt. Es ist dann ein bißchen so, als wäre man zum Kaffee eingeladen worden und die Gastgeberin hätte zwar Kaffee und eventuell noch ein Stück Sahnetorte auf den Tisch gestellt, wäre dann aber zum Einkaufen fortgegangen. Ich halte das für furchtbar ungastlich, ja sogar für ungehörig!

Dieser erste Auftritt am zweiten Weihnachtstag in Kerkrade war ein solcher Erfolg, daß Math Schmeitz uns von nun an jedes Jahr für ein oder mehrere Konzerte verpflichtete, und das auch später noch, als er Intendant des Maaspoorttheaters in Venlo geworden war. Ungeachtet des Erfolgs, den ich inzwischen im In- und Ausland habe, wacht er noch heute wie ein guter Geist über die Qualität meiner Auftritte und erscheint dann und wann in meinem Büro, um „die Sache mal wieder ordentlich unter die Lupe zu nehmen", wie er es ausdrückt.

Ein anderes Theater, das sich nach mehreren vergeblichen Bemühungen meinerseits schließlich bereit erklärte, uns zu verpflichten, war die „Bonbonnière" in Maastricht. Anfangs hatte der Intendant so seine Bedenken, aber dann wollte er uns – aus lauter Freundlichkeit – doch helfen und meinte, er habe da vielleicht eine hübsche Idee.

In unserem wunderschönen alten Stadttheater gab es damals eine besondere Konzertreihe, nämlich die „Kammermusik zur Mittagspause".

Jeden Mittwoch konnte man Musik genießen und dabei in aller Ruhe und Bequemlichkeit ein Täßchen Kaffee trinken und seine mitgebrachten belegten Brötchen essen. Die Konzerte erfreuten sich von Anfang an größter Beliebtheit. Nur am Aschermittwoch, am ersten Tag nach dem Fasching, kam in der Karnevalshochburg Maastricht natürlich kein Mensch auf die Idee, sich Kammermusik anzuhören. Da liegt schließlich jeder rechtschaffene Karnevalsfreund – und davon gibt es in Maastricht unzählige – mit einem Riesenkater im Bett, und klassische Musik ist wohl das Letzte, was sein gequältes Haupt zu ertragen vermag. Vielleicht sei, so der Intendant der „Bonbonnière", dieser sonderbare Tag für ein Konzert des MAASTRICHTER SALONORCHESTERS besonders gut geeignet. Statt der üblichen Tasse Kaffee sollten dem Besucher ein Bier und ein saurer Hering spendiert werden, was ja die weitaus beste Medizin gegen einen Kater ist!

Damit hatte dieses „neue" Konzert auch gleich seinen Namen weg, nämlich HIERINGEBIETE. Zur Erläuterung für die Uneingeweihten: „Hieringe" ist Maastrichter Dialekt für „Heringe", und „biete" heißt „beißen". Dieses „Heringebeißen" ist eine alte und bekannte Maastrichter Tradition. Zur Bekämpfung des Karnevalskaters bekommt man am Aschermittwoch in jeder Kneipe einen Hering. Anschließend bestellt man natürlich sofort ein Bier, um den sauren Geschmack des Herings wegzuspülen, und so wird es auch an diesem Tag in den meisten Kneipen von Maastricht gleich wieder recht gemütlich! Obwohl ich selbst nicht unbedingt ein großer Freund des Karnevals bin, mag ich diese einzigartige Atmosphäre am Aschermittwoch in Maastricht doch sehr.

Die Idee mit dem HIERINGEBIETE erschien mir gar nicht übel, und ich meinte, wir sollten es auf jeden Fall einmal versuchen. Inzwischen hatten wir von dem offiziellen Gruppenbild, das unsere Broschüre schmückte, auch Plakate anfertigen lassen, und voller Begeisterung zogen nun die Mitglieder des MAASTRICHTER SALONORCHESTERS los, um sie überall in der Stadt aufzuhängen. Wieder warteten wir gespannt auf das Echo. Ob diese Plakate besser wirken würden als die dreihundert verschickten Broschüren? Oder würde auch diesmal kein Mensch reagieren?

Aber die Reaktion war überwältigend! Am Aschermittwoch 1979, am Tag unseres ersten HIERINGEBIETE, quoll der Redoutensaal des alten Stadttheaters förmlich über. Man hatte – wie bei jedem Mittwochskonzert – etwa hundertfünfzig Stühle in den kleinen Raum gestellt. Sie waren alle besetzt, und mehr als vierhundert Zuhörer standen dichtgedrängt im Saal und sogar noch vor den Eingangstüren.

Das Konzert war ein Bombenerfolg! Die Leute hatten wirklich an jeder gespielten Note ihre Freude, amüsierten sich köstlich, applaudierten wie wild und hatten am Ende des Konzerts ihren Kater völlig vergessen.

Das war also die einzig richtige Lösung für das Problem der „Kammermusik zur Mittagspause" am Aschermittwoch, und deshalb verpflichtete uns von nun an auch das Maastrichter Theater jedes Jahr aufs neue.

Seit jenem ersten Auftritt haben wir mit dem MAASTRICHTER SALONORCHESTER achtzehn *HIERINGEBIETE*-Konzerte gegeben. Aus den fünfhundert Zuhörern von damals sind mehr als fünftausend geworden. Inzwischen sind es längst nicht mehr nur die Maastrichter, die unser Konzert besuchen, sondern die Leute kommen von weither angereist, um es mitzuerleben.

Der hübsche kleine Redoutensaal wurde bald zu eng für die „Heringe" und erinnerte eher an die berühmte Sardinenbüchse. Über mehrere Zwischenstationen in immer größeren Sälen landeten wir schließlich im riesengroßen Maastrichter Kongreßzentrum MECC. Dort geben wir nun schon seit etlichen Jahren jeweils am Aschermittwoch vor Tausenden von Zuhörern unser *HIERINGEBIETE*. Und selbstverständlich gibt es immer noch den sauren Hering dazu!

SAURER HERING UND CAMEMBERT, SPEKULATIUS UND PFERDEÄPFEL

*D*as *HIERINGEBIETE* und das alljährlich wiederkehrende Weihnachtskonzert sowie ein paar weitere Auftritte mit dem MAASTRICHTER SALONORCHESTER bildeten natürlich noch keine ausreichend solide Grundlage für die Ernährung von fünf Familien. Deshalb rührte ich weiterhin die Werbetrommel, um mehr Konzerte zu verkaufen. Aber in diesen ersten Jahren nach der Gründung meines Ensembles wußten die Intendanten offensichtlich noch nicht so recht, was sie mit mir anfangen sollten. Ich lag ihnen zwar ständig in den Ohren und versuchte sie davon zu überzeugen, daß das MAASTRICHTER SALONORCHESTER nun wirklich etwas ganz Besonderes sei, das unbedingt in ihr Konzertprogramm gehöre. Doch die meisten wollten sich nicht auf meine Vorschläge einlassen. Nur ein einziger gab meinen Bitten nach und erklärte sich – wenn auch nur zögernd – bereit, ein Konzert von uns einzuplanen.

Aber dann! Wo sollte man so ein Konzert unterbringen? Wie war ein Salonorchester einzuordnen? Im Grunde genommen, so die weitverbreitete Ansicht, war das doch nur Hintergrundmusik für ein Diner oder bei einer Party. Doch das war genau das, was wir nicht wollten. Ich war fest davon überzeugt, daß unser Salonorchester inzwischen bühnenreif war.

Heute, wo ich mich ein bißchen im Geschäft auskenne, kann ich besser verstehen, wie schwierig es für die Intendanten war, uns zu verpflichten. Sie erhalten so ungeheuer viele Anfragen, werden tagtäglich mit Angeboten neuer, am Künstlerhorizont aufgehender Stars überschüttet und müssen oder möchten dabei doch auch alle schon vorhandenen Größen in ihren Spielplan aufnehmen. Vor allem, wo es um Musik geht, ist ihr Spielraum begrenzt, denn sie müssen sich ja an die laufenden Veranstaltungsreihen wie Sonntagskonzerte, Kammermusikabende, Operettenkonzerte und Recitals halten, die im allgemeinen gleichfalls an ganz bestimmten Tagen stattfinden. Ein Konzert des MAASTRICHTER SALONORCHESTERS paßte eigentlich nirgendwo hinein, und es wäre damals vielleicht noch etwas verfrüht gewesen, es schon in die Reihe „Besondere Konzerte" aufzunehmen.

Offenbar war ich jedoch so hartnäckig mit meinem Gequengel, daß einige erfindungsreiche Intendanten schließlich auf die Idee kamen, ganz einfach neue Traditionen ins Leben zu rufen, um mir einen Gefallen zu tun und um sich gleichzeitig endlich von diesem Quälgeist zu befreien. Sie wußten damals noch nicht, was ich schon ahnte, nämlich, daß sie damit nicht so sehr mir, sondern viel eher ihrem Publikum einen großen Gefallen taten!

Wenn ich nun schon keine Hintergrundmusik zum Essen spielen wollte, dann mußte man es nach Meinung der Intendanten eben umgekehrt machen und zu meinen Konzerten irgend etwas Eßbares spendieren, denn sonst sei diese Art von Musik doch wohl völlig ungenießbar! Deshalb versprachen sie bei ihren Programmankündigungen jede Menge Köstlichkeiten, um das MAASTRICHTER SALONORCHESTER dem Publikum recht schmackhaft zu machen. Das Angebot reichte von sauren Heringen und Weihnachtsplätzchen bis hin zu warmer Schokolade, Spargel und französischem Käse – zum Glück nicht in dieser

Das Foto mag ein bißchen gestellt wirken, aber der Spaß, den wir im MAASTRICHTER SALONORCHESTER haben, ist ganz und gar echt!
V. l. n. r.: Henriette Janssen, Jean Sassen, Frans Vermeulen, ich und Jo Huijts.

Zusammensetzung. (Später haben wir übrigens dann doch bei großen Festessen gespielt – es ging schließlich um unser Brot!)

Nach meinem Gefühl wären all diese Extras überhaupt nicht nötig gewesen, denn das Publikum war auch ohne sie hell begeistert. Die Konzertsäle waren praktisch alle von Anfang an ausverkauft, und das dürfte kaum an den angebotenen Delikatessen gelegen haben. Aber man brauchte nun mal einen Aufhänger für das MAASTRICHTER SALON-ORCHESTER, und die Kombination von Maastricht und kulinarischem Genuß (saurer Hering?) verkauft sich im allgemeinen sehr gut.

Immerhin sind auf diese Weise mehrere sehr hübsche neue Traditionen entstanden. Zur großen Freude vieler Zuhörer haben wir zum Beispiel jahrelang im überfüllten Heerlener Stadttheater ein NEUJAHRS-KONZERT gegeben, bei dem die Atmosphäre einfach großartig war. Das Publikum war an diesem Tag auf Grund eines leichten Silvesterkaters und der Tatsache, daß man sich eine halbe Nacht um die Ohren geschlagen hatte, immer in einer ganz sonderbaren, zugleich albernen und weinerlichen Stimmung. Bei jeder melancholischen Melodie flossen reichlich Tränen, und über meine Witzchen wurde lauter gelacht als an normalen Tagen. In der Pause gab es statt Kaffee und Keksen ein Glas Champagner, und so konnten die Menschen die guten Vorsätze, mit denen sie kurz zuvor das neue Jahr begonnen hatten, leicht wieder vergessen und bei wehmütiger Musik ganz selig und entspannt ein bißchen dösen.

Ein anderes „Naschkonzert", das wir zehn Jahre lang gegeben haben, war das MUTTERTAGSKONZERT (gleichfalls im Heerlener Stadttheater, das lange das einzige große Theater im Süden der Niederlande war), bei dem allen Müttern Törtchen und Pralinen spendiert wurden. Nach dem morgendlichen Frühstück im Bett mit krümelndem Zwieback und kleckernden, weil zu weich gekochten Eiern war auch dieses Konzert gerade das richtige und wurde ein Volltreffer.

Die köstlichsten all dieser appetitlichen musikalischen Auftritte sind jedoch die SPEKULATIUSKONZERTE[4], von denen wir heute – nach einem vorsichtigen Beginn vor dreizehn Jahren im Roermonder Stadttheater – in der Zeit des Nikolaus-Festes mehr als zehn geben.

Mit Spekulatius, der in der Pause von zwei „zwartepieten" herumgereicht wurde, hat damals an einem Sonntag vor dem Nikolaus-Fest die

[4] Der Nikolaustag spielt in den Niederlanden eine größere Rolle als in Deutschland. St. Nikolaus (meist zu Pferd) und seine Knechte, die dort „zwartepiet" heißen, bringen Kindern und Erwachsenen nicht nur Süßigkeiten, sondern auch Geschenke. Spekulatius ist ein typisches Nikolaus-Gebäck.

einzigartige Tradition der *SPEKULATIUSKONZERTE* begonnen. Wie das *HIERINGEBIETE*, so hat auch dieses heitere Familienkonzert eine stürmische Entwicklung erlebt und sich inzwischen zu einer wahren Nikolaus-Show ausgewachsen.

Die ersten „zwartepieten" waren die Kassiererinnen des Theaters; Sankt Nikolaus selbst war – wenn ich mich recht entsinne – beim ersten Konzert noch gar nicht zugegen. Wir spielten unsere Salonmusik, und die Zuhörer hatten ihre Freude daran. (Selbstverständlich auch am Spekulatius – ich möchte hier niemandem auf die Zehen treten!) In den folgenden Jahren wurde dann immer eine andere Besonderheit hinzugefügt, das heißt irgendeine lustige Szene, in der Sankt Nikolaus und seine Knechte die Hauptrolle spielten. Wir dachten uns gemeinsam immer wieder etwas Neues aus, wobei wir allerdings darauf achteten, daß die Musik die Hauptsache blieb. Denn ihretwegen kam das Publikum ja schließlich.

Es ist wirklich phantastisch, solche Sachen machen zu können! Sowohl an den Vorbereitungen als an den Konzerten haben wir unheimlich viel Spaß. Auf der Bühne zu stehen und mitzuerleben, wie Hunderte Zuhörer – Kinder und Erwachsene – in vollen Zügen genießen und lachen..., wirklich, das ist für jeden von uns eine ganz tolle Erfahrung, jedes Jahr aufs neue!

Alle möglichen „Sankt Nikoläuse" haben wir mittlerweile schon auftreten lassen. Zunächst erschien er nur als der ehrwürdige „Heilige" mit der tiefen Stimme, der die Kinder feierlich begrüßte und darauf hinwies, daß es in der Pause Spekulatius geben werde. Später verpflichteten wir dann immer Künstler für die Rollen des Nikolaus und seiner Knechte. So ist bis heute schon eine ganze Reihe äußerst begabter Nikoläuse an uns vorübergezogen. Der niederländische Meister im Rollschuhtanz machte – in Bischofsmütze und rotgoldenem Gewand und von einem ganzen Verein Rollschuh laufender schwarzer Knechte begleitet – eindrucksvolle Saltos. Der Komiker Pierre Cnoops galoppierte als Nikolaus hoch zu Roß über die Bühne, und in dem Augenblick, in dem er zu reden anfing, erkannten alle im Saal seinen ganz eigenen Tonfall und brachen in schallendes Gelächter aus. Der Tenor Andrea Poddighe sang in einer venezianischen Gondel ein wunderschönes italienisches Duett mit einem niedlichen kleinen „Sopranknecht". Wim Steinbusch, der nicht nur Sänger, sondern auch ein sehr begabter Schauspieler ist, trat mehrmals bei uns auf, und zwar als „österreichischer", „mexikanischer" und auch als (ein bißchen arroganter) „englischer" Nikolaus, der dann doch tatsächlich ein Tennismatch gegen einen ächzenden „Knecht Seles" spielte!

Da von Mal zu Mal immer mehr Kinder zu diesem Konzert gekommen sind, haben wir in jüngster Zeit das Programm vor allem auf sie zugeschnitten. Ganz besonders freuen sich die Kinder dabei immer auf das furchtbar ungezogene, aber überaus begabte Knechtlein in Gestalt der niedlichen Klarinettistin Manou Konings.

Zur Realisierung all dieser Szenen braucht man eigentlich eine umfangreiche technische Mannschaft, die das Bühnenbild baut und zum Beispiel diese Gondel über die Bühne fahren läßt. Man braucht Licht- und Tontechniker, einen Lastwagen mit Fahrer, der die Sachen transportiert, eine Garderobiere, die sich der Kostüme annimmt, und jemanden, der fürs Schminken zuständig ist.

Aber für all diese Ausgaben war jahrelang kein Geld vorhanden. Mit dem Gehalt, das ich beim Limburgischen Symphonieorchester bekam und dem, was wir mit dem Maastrichter Salonorchester dazuverdienten, kamen wir einigermaßen über die Runden, aber Investitionen in Lastwagen, Kulissen, Probenräume, Kostüme und technisches Personal waren natürlich undenkbar. Also mußten wir nach Möglichkeit alles selbst machen – wir, das heißt Marjorie, die Mitglieder des Maastrichter Salonorchesters und ich.

Manchmal verfluchte ich mich, so zum Beispiel, als ich auf die unselige Idee gekommen war, einen „österreichischen" Sankt Nikolaus und sieben Knechte auf Langlaufski nach der Musik der *Schlittschuhläufer* tanzen zu lassen! Und nicht nur ich fluchte, sondern natürlich auch alle, die mit diesen schrecklichen Dingern an den Füßen herumstolpern mußten und sich dabei fast die Beine brachen. Aber wenn ich mir einmal etwas in den Kopf gesetzt habe, dann kann mir das keiner mehr ausreden. Ski laufen stand auf dem Programm, also mußte Ski gelaufen werden, und zwar auf Langlaufskiern. Zur Strafe (geschah mir ganz recht!) mußte ich während dieser Tournee immer acht Paar Skier rumschleppen, rein ins Auto, raus aus dem Auto, rein ins Theater und wieder raus. Wenn man einen eigenen Betrieb aufbauen will, muß man halt überall selbst mit anpacken und kann es sich nicht leisten, wählerisch zu sein.

Zum Glück teilt Marjorie diese Auffassung, und das bewegt sie dazu, gleichfalls Hand anzulegen, auch und gerade in kritischen Situationen. So hatte das arme Pferd des heiligen Nikolaus einmal allzulange in den Kulissen warten müssen und deshalb dort einiges hinterlassen. Ich hatte mich beim Spielen schon ein paarmal verstohlen umgeschaut, weil ich feststellen wollte, wo plötzlich dieser Gestank herkam. Auch die Zuhörer in der ersten Reihe wurden unruhig und rutschten auf ihren Sitzen hin und her, wobei einer den anderen argwöhnisch ansah: Hatte da etwa jemand vor dem Konzert zuviel Zwiebelsuppe gegessen? Marjorie entdeckte die Quelle des Geruchs, sah, daß sich offenbar keiner bemüßigt fühlte, etwas zu unternehmen und fegte daraufhin munter die dampfenden Pferdeäpfel selber zusammen. Pferdefreunde läßt so etwas natürlich „kalt", aber glauben Sie mir, für sie war es eine ganz neue Erfahrung!

Die Flower-Power-Bluse, die meiner verspäteten Pubertät Ausdruck verleihen sollte. Das lange Haar ist das einzige Überbleibsel aus jener Zeit.

Der vornehme blaugraue Dreiteiler, in dem ich versuchte, das MAASTRICHTER SALONORCHESTER an den Mann zu bringen.

Wenn wir mit dem MAASTRICHTER SALONORCHESTER irgendwo am Nachmittag spielten, machten wir meistens anschließend noch einen kleinen gemeinsamen Stadtbummel.

Wir haben viele Jahre lang bei den berühmten und einzigartigen „Gentschen Festen" gespielt. Im Falle einer so wunderschönen Stadt wie Gent bringt man es einfach nicht übers Herz, gleich nach dem Konzert wieder abzureisen. Neben mir v. l. n. r.: Ireen Houben, Tjeu Heyltjes, eine Beigeordnete, die für das Festwesen zuständig war (schade, daß es bei uns kein solches Amt gibt!), Frans Vermeulen und Klaartje Polman.

Rechts: Fix und fertig nach einem *HIERINGEBIETE*-Konzert in Maastricht (v. l. n. r.: Jean, Frans, ich, Gemma und Paul).

Links: Das offizielle Foto, das wir für unsere erste Broschüre verwendeten. Kein Wunder, daß kein Mensch reagierte – bei diesen Mienen! Das MAASTRICHTER SALONORCHESTER in der ersten Besetzung: die Cellistin Gemma Serpenti, der Geiger Frans Vermeulen, der Pianist Paul Coenjaarts, der Kontrabassist Pascal Vliegen und ich, damals noch nicht „*Steh*geiger".

Auch in Gent, hier mit Marjorie.

DIE NACHTIGALL

*M*eine Damen und Herren, es war einmal ein italienischer Musiker, der hatte sich verliebt. Na ja..., das soll's bei Musikern schon mal geben.

Er hatte sich in eine deutsche Prinzessin verliebt.

Es ist wirklich wahr, was ich jetzt erzähle... Alles, was ich erzähle, ist wahr. Diese Geschichte jedenfalls ist es ganz bestimmt!

Die deutsche Prinzessin war unheimlich reich, und der Musiker war... wie alle Musiker... arm wie eine Kirchenmaus. Die Prinzessin war so reich, und er so arm, daß sie nichts mit ihm zu tun haben mochte. Aber er war so sehr in sie verliebt, daß er ihr etwas schenken wollte. Und so hat er ein Stück für sie komponiert. Diese Melodie ist weltberühmt geworden. Von der Prinzessin hat nie mehr einer etwas gehört...

Meine Damen und Herren, wir werden jetzt für Sie spielen..., komponiert von einem italienischen Musiker, für eine deutsche Prinzessin, und aufgeführt von fünf – armen – Musikern: die *Serenade* von Toselli!"

Mit diesem wahren „Mini-Märchen" habe ich oft genug die tatsächlich weltberühmt gewordene Toselli-*Serenade* angekündigt. Diese wunderbare, melancholische Melodie, die ich nun schon seit achtzehn Jahren mit großer Freude spiele, ist, wie ich bereits erwähnte, für das MAASTRICHTER SALONORCHESTER von entscheidender Bedeutung gewesen.

Damals, als wir auf der Suche nach Musik für unser Repertoire waren und dank der Zeitungsaktion einen ganzen Lastwagen mit Salonmusik bekommen hatten, fand ich zwischen den vielen vergilbten Notenblättern unter anderem die *Serenade opus 6* von Enrico Toselli. Der Name sagte mir gar nichts. Viele Leute wird das sicher wundern, aber ich war ja, wie gesagt, ausschließlich mit klassischer Musik aufgewachsen. Marjorie dagegen meinte, sie kenne dieses Stück sehr gut, also spielte ich es kurz durch. Ich war sofort ganz hingerissen, probte es mit dem Salon-

Die von uns entworfene Plattenhülle für *Rendez-vous*. Das MAASTRICHTER SALON-
ORCHESTER in der Besetzung der ersten fünf Jahre: Frans Vermeulen, zweite Geige;
Jean Sassen, Kontrabaß; Paul Coenjaarts, Klavier; Gemma Serpenti, Cello; und ich.
Auf alten Bildern machen die Leute immer so ein ernstes Gesicht, weshalb wir ver-
sucht haben, uns anzupassen. In Wirklichkeit war die Stimmung schon heiterer!

orchester und spielte es beim nächsten Konzert im Altenheim.

Was für ein Riesenerfolg! Welche Begeisterung bei den Zuhörern! Noch heute sehe ich die Freude auf den Gesichtern dieser alten Menschen vor mir, als sie leise die ihnen durchaus bekannte Melodie mitsummten. Von nun an durfte die Toselli-*Serenade* bei keinem Konzert mehr fehlen. Wenn sie einmal nicht auf dem Programm stand, dann mußten wir sie unbedingt wenigstens als Zugabe spielen, nicht nur während jener Anfangszeit in den Altenheimen, auch später noch, als wir längst vor ausverkauften Konzertsälen auftraten.

Als wir dann unsere erste Schallplatte aufnahmen, war also selbstverständlich die Toselli-*Serenade* mit darauf. Obwohl dieses Musikstück früher sehr oft gespielt und aufgenommen worden war – unter anderem vom Orchester BARNABAS VON GÉZY –, war es, wie so viele andere damalige „Schlager", in Vergessenheit geraten.

Weil wir zu jener Zeit noch bei keiner großen Schallplattenfirma unterkommen konnten – wer hatte schon Interesse an einer unbekannten Gruppe, die so olle Salonmusik spielte! –, nahmen wir diese erste Platte in eigener Regie auf.

In eigener Regie, das hieß vor allem mit eigenem Geld, soweit wir das besaßen. Damals waren wir ja tatsächlich sehr arme Musiker. Wir entdeckten ein Plattenstudio, das bereit war, für vierzehntausend Gulden eine Platte mit uns aufzunehmen. Vierzehntausend Gulden ..., was für ein wahnsinniger Haufen Geld! Wo sollten wir die bloß herzaubern?

Alle Mitglieder des Salonorchesters machten deshalb eine Liste von Verwandten, Freunden und Bekannten, die bereit waren, unsere Platte zu kaufen. Jeder von uns glaubte, so um die fünfzig Abnehmer zusammenkriegen zu können. Außerdem hatten wir vor, die Platte bei unseren Konzerten zu verkaufen. Wir liehen uns von diesem und jenem noch ein wenig Geld dazu, und nach einer Weile wagten wir den kühnen Schritt. Fürs erste wurden tausend Platten hergestellt.

Zu unserer großen Überraschung gingen sie weg wie warme Semmeln. Viele Leute kauften bei Konzerten gleich bis zu fünf Stück. Es war einfach nicht zu fassen! Im Nu waren wir alle tausend Platten los und hatten damit die erste große Investition zurückverdient, so daß wir unsere Schulden bezahlen konnten. Später erschienen von dieser ersten Schallplatte, die nach der Erkennungsmelodie des MAASTRICHTER SALONORCHESTERS den Titel *Rendez-vous* trug, sogar noch fünfzehn Nachdrucke.

Der Verkauf dieser Platten war natürlich wichtig, denn wir brauchten das Geld einfach zum Leben, aber er war trotzdem nicht mein einziges Anliegen. Vielmehr sah ich darin auch ein äußerst geeignetes Mittel zur

Die ersten Fernsehauftritte mit dem MAASTRICHTER SALONORCHESTER, Anfang
der achtziger Jahre.
Oben: Silvestershow beim BRT im Hotel Astoria in Brüssel. Zwischen Gesprächen
und Interviews mit Politikern spielten wir (auf dem Bild die Minister Martens und De
Clerq). Millionen Menschen sahen diese Sendung, die wesentlich dazu beitrug, uns in
Belgien so beliebt zu machen.
Unten: Erster Auftritt für das niederländische Fernsehen in der Sendung *Van Gewest
tot Gewest*, die mit großer Begeisterung von dem leider viel zu früh verstorbenen
Huub Mans moderiert wurde. Er war von unserer Musik so hingerissen, daß er am
liebsten mitgespielt hätte!

Verbreitung unserer Musik, das heißt die Möglichkeit, in einem größeren Umkreis bekannt zu werden.

Auf eigene Faust startete ich nun also eine Werbekampagne bei allen Rundfunkanstalten der Umgebung. Die Musikredakteure sahen mich oft ganz erstaunt an. Schließlich hatten sie jahrelang die klassischen Konzerte mit dem LIMBURGISCHEN SYMPHONIEORCHESTER unter der Leitung meines Vaters gesendet, und nun kam da plötzlich der Sohn dieses bekannten Dirigenten mit so einer Salonmusikplatte daherspaziert. In ihren Augen (und in denen vieler anderer auch) eine rechte Schande!

Ich machte mir jedoch nichts aus ihrer Kritik und ließ ihnen die Platte einfach da – in der festen Überzeugung, daß sie sie früher oder später bestimmt einmal auflegen würden. Manchmal hat man eben so eine Vorahnung.

Zum Glück reagierte nicht jeder so wie eben geschildert, und so stieß ich zum Beispiel beim Belgischen Rundfunk (BRT) in Hasselt auf große Begeisterung. Dem Hauptproduzenten Paul Cabus gefiel die Sache, obwohl auch er früher viele Konzerte mit meinem Vater gesendet hatte. Er veranstaltete im Rundfunk sogar ein Live-Konzert mit dem MAAS-TRICHTER SALONORCHESTER.

Die Reaktion war einfach großartig! Dutzende von Leuten riefen schon während der Direktübertragung des Konzerts im Studio an und fragten, welches Orchester denn da spiele und ob es davon vielleicht auch Schallplatten gebe. Für uns war das natürlich eine phantastische Belohnung und zugleich ein Anreiz, weiterzumachen, für den Rundfunk ein Grund, unsere Platte von nun an häufiger zu spielen.

Der Belgische Rundfunk blieb uns treu. Auch in den folgenden Jahren hörte man dort regelmäßig unsere erste und alle späteren Aufnahmen. Und so konnte es geschehen – welch ein glücklicher Zufall! –, daß die Musikredakteurin Ireen Houben einmal Musik für eine Sendung mit dem beliebten belgischen Moderator Jos Ghysen aussuchte und sich dabei auch „unsere" Toselli-*Serenade* anhörte.

Während sie selbst bei dieser romantischen Melodie in träumerische Gedanken versank, fing plötzlich der kleine Vogel auf ihrem Schreibtisch zu singen an. Erst als der letzte Akkord verklungen war, verstummte auch der Vogel wieder. Auf einmal war Ireen hellwach. Erstaunt blickte sie zunächst zu dem kleinen Vogel in seinem Käfig, dann sah sie Jos an. War das reiner Zufall gewesen?

Sie machte die Probe aufs Exempel und spielte die Toselli-*Serenade* noch einmal. Und wieder fing der Vogel zu singen an. Die Musik war offenbar so schön, daß sogar ein Vögelchen seine Freude daran hatte und mitsang, was nun wirklich eine einzigartige Kombination ergab. Das brachte Ireen auf eine Idee, und sie machte sich in den Musikarchiven des Rundfunks sofort auf die Suche nach einer Aufzeichnung von Vogel-gesängen.

Sie fand das Gesuchte, nämlich ein Band mit dem herrlichen Gesang einer Nachtigall. Irgendwann war er von einem belgischen Soldaten während einer einsamen Nachtwache aufgenommen worden. Im Ton-studio machte man einen Mix aus dem Nachtigallengesang und unserer Toselli-Aufnahme, und sieh da: Schon war ein Hit geboren!

Jos brachte die „neue" Serenade in seinem Programm, und obwohl es eigentlich nur ein Scherz hatte sein sollen, klingelte danach pausenlos das Telefon. Das sei ja wirklich etwas ganz Tolles, meinten die Zuhörer. Ob das eine Schallplatte sei und wo man die wohl kaufen könne? Die Radioleute hatten also ganz intuitiv die superromantische Melodie und den zauberhaften Gesang einer Nachtigall zu einer geradezu goldenen Kombination zusammengebracht.

Die erste goldene Schallplatte für *Serenata,* die uns während des *HIERINGEBIETE*-Konzerts vom Maastrichter Bürgermeister Baeten überreicht wurde. Links von ihm der Fernsehreporter Huub Mans, rechts der Schauspieler Pieke Dassen.

Durch Jos erfuhren wir von den begeisterten Reaktionen der Zuhörer, woraufhin ich beschloß, einen Produzenten zu suchen, der bereit wäre, diese schöne Neuschöpfung auf einer Schallplatte festzuhalten. In Holland stieß ich auf Ablehnung – wir sind nun mal ein eher unromantisches Volk –, aber in Brüssel traf ich bei PolyGram auf den Produzenten Paul Moens, der sich zwar sehr schwertat: „Toselli-*Serenaden*, mais allez, mon cher ami, die liegen ja noch dutzendfach in den Schubladen herum!", sich aber trotzdem zu einer Single überreden ließ. Endlich hatte ich eine „echte" Schallplattengesellschaft gefunden, und wenn's auch nur für eine Single war.

Zunächst hatten wir als MAASTRICHTER SALONORCHESTER (Marjorie und mich eingeschlossen) bei der ganzen Sache doch ein wenig Bedenken. Wir waren zwar alle der Meinung, daß diese Serenade mit dem Vogel recht hübsch klinge, aber war das ein Grund, sie nun gleich auf Schallplatte aufzunehmen? Immerhin waren wir klassische Musiker... Eigentlich sahen wir es eher als einen Scherz an. Nur unser Kontrabassist Jean fand es wirklich schön und war überzeugt, daß die *Serenade* Erfolg haben würde. Und er sollte recht behalten.

Jos Ghysen brachte die Single, die ja ein Produkt seines eigenen Programms war, fast jede Woche in seiner Sendung, wodurch die „Serenade mit der Nachtigall" überall in Belgien bekannt und beliebt wurde. Schon nach einigen Wochen erreichte sie die Top 10, und dort sang unser Vögelchen nun monatelang weiter. Aus der Single wurde eine LP, *Serenata*. Auch diese kletterte innerhalb kürzester Zeit in der Hitparade nach oben, und es dauerte nicht lange, da erhielten wir unsere erste goldene Schallplatte, die Krönung unserer vielen Anstrengungen während der ersten fünf Jahre.

LACHEN
UND
WEINEN

*M*an vergißt leicht, daß der Glanzzeit eines Künstlers meistens viele Jahre intensivster Arbeit vorangehen. Zudem ist der Künstler auf seinem langen Weg hinauf zu den Höhen des Ruhms im allgemeinen nicht auf Rosen gebettet. Unterwegs muß er vielerlei Hindernisse überwinden, und neben den Gipfeln, die er dann und wann erreicht, gibt es tiefe Täler, die es ebenfalls zu durchqueren gilt. Zum Glück ging es auf dem weiten Weg, der schließlich zu meinem jetzigen, überwältigenden Erfolg geführt hat, im Großen und Ganzen immer aufwärts. Das heißt aber nicht, daß es neben den vielen erfolgreichen und heiteren Konzerten nicht hin und wieder Tiefpunkte in Gestalt weniger gelungener Auftritte gegeben hätte.

Zwei Konzerte werden mir mit Sicherheit immer in Erinnerung bleiben: das eine trotz eines kleinen Unfalls als einer der unterhaltsamsten Auftritte mit dem MAASTRICHTER SALONORCHESTER überhaupt, das andere als der peinlichste Mißerfolg in all diesen Jahren.

Während der Blütezeit des MAASTRICHTER SALONORCHESTERS, das heißt in den Jahren, die dem Erfolg der „Serenade mit der Nachtigall" folgten, gaben wir regelmäßig Konzerte in Deutschland. Das Ensemble bestand damals aus Frans Vermeulen, zweite Geige, Jean Sassen, Kontrabaß, Tjeu Heyltjes, Klavier, und verschiedenen Damen – abwechselnd – am Cello. Vorsichtshalber sei noch hinzugefügt: Ich spielte nach wie vor die erste Geige.

Diese Konzertreisen nach Deutschland, meistens an Sonntagen[5] unternommen, waren wirklich einmalig. Oft begleiteten uns unsere Frauen, so daß die Fahrten nicht nur den seriösen Charakter einer „Geschäftsreise" hatten, sondern manchmal eher einem gemütlichen Ausflug einer großen Familie glichen. Nach dem Konzert unternahmen

[5] Der Sonntag war im allgemeinen beim LIMBURGISCHEN SYMPHONIEORCHESTER, in dem Jean (als Solobassist), Frans und ich damals noch spielten, Ruhetag.
Die Sonntagskonzerte des Salonorchesters fanden meistens am Nachmittag statt.

wir meistens einen kleinen Spaziergang durch die jeweilige Stadt, und zum Schluß gab es vor der Rückfahrt noch irgendwo ein schönes Essen. Das Geld, das wir mit dem Konzert verdient hatten, war dann in der Regel schon wieder alle, aber das störte uns nicht. Wir hatten Erfolg und beglückten viele Menschen mit unserer Musik. Das war für uns das Wichtigste. Zudem hatten wir an solchen Tagen in unserer „Groß-familie" ungeheuer viel Spaß.

Humor ist etwas, das in meinen Orchestern ganz
hoch im Kurs steht, und das gilt nicht nur auf der Bühne,
sondern auch hinter den Kulissen. Dadurch entsteht eine großartige
Atmosphäre, die natürlich das Arbeiten sehr angenehm macht und die
darüber hinaus auf das Publikum ausstrahlt.

Bei einem Konzert in Trier stand unter anderem der *Sportpalastwalzer* auf dem Programm. Immer, wenn ich diesen Walzer ankündige, fordere ich das Publikum zum Mitmachen auf. Was genau von ihm erwartet wird, sage ich nicht, sondern nur, daß man gut auf den zweiten Geiger, Frans, achten soll. Im Refrain dieses Walzers wird ja bekanntlich auf den Fingern gepfiffen, und Frans beherrscht diese Kunst wie kein anderer. Wenn ich das Stück ansage, erhebt er sich immer kurz und zeigt auf sich, damit klar ist, um wen es sich handelt. In dem Augenblick nun, in dem ich bei dem Konzert in Trier sagte: „Achten Sie bitte auf Frans, dann wissen Sie genau, was Sie zu tun haben", brach irgendein dummes Fußbodenbrett durch, und Frans verschwand unter gewaltigem Krachen mitsamt seinem Stuhl. In der Annahme, daß dies absichtlich so arran-giert worden war, brach das Publikum in schallendes Gelächter aus. Frans lag am Boden, und vom Saal aus waren nur noch seine zappeln-den Füße zu sehen. Zum Glück hatte er sich nicht verletzt, aber alle ringsum waren doch sehr bestürzt. Techniker kamen herbeigerannt, um den Schaden zu beheben, was einige Zeit in Anspruch nahm. Wir blie-ben alle auf der Bühne, und ich plauderte ein bißchen mit dem Publi-kum, um die kleine, unerwartete Pause zu überbrücken.

Als die Sache wieder in Ordnung war, wollten wir das Konzert an der Stelle fortsetzen, an der wir aufgehört hatten, also sagte ich noch einmal: „Achten Sie bitte auf Frans, dann wissen Sie genau, was Sie zu tun haben", woraufhin der Saal so unbändig zu lachen anfing, daß an eine Fortsetzung des Konzerts vorerst gar nicht zu denken war. Ich ließ die Leute zu Ende lachen und wartete, bis es ganz still geworden war.

Nach einem Konzert in Amsterdam. Links neben mir Frans Vermeulen und Gemma Serpenti, rechts Jean Sassen und Tjeu Heyltjes.

In dem Augenblick aber, in dem ich ganz seriös den Bogen erneut ansetzen wollte, mußte ich selbst auf einmal furchtbar lachen. Ich bekam einen regelrechten Lachkrampf, ich konnte gar nicht mehr aufhören, und die Tränen liefen mir nur so übers Gesicht! Auch Frans und die anderen Mitglieder des Orchesters konnten sich jetzt nicht mehr halten und brachen in Gelächter aus. Dies wirkte so ansteckend, daß auch der ganze Saal aufs neue vor Lachen zu brüllen anfing. Es dauerte eine ganze Weile, bis wir endlich unser Konzert fortsetzen konnten.

So etwas gehört sich ja eigentlich nicht, aber schön war es trotzdem, und wir wurden noch jahrelang in die Stadt Trier verpflichtet. Aber ich gebe nie mehr ein Konzert, ohne vorher die Bühne kurz inspiziert zu haben!

Um die Mitte der achtziger Jahre hatte sich die Kulturpolitik sowohl in den Niederlanden als auch in Deutschland unter anderem zum Ziel gesetzt, Kunst und Kultur „ins Volk zu tragen", das heißt einem breiteren Publikum zugänglich zu machen. An sich natürlich ein lobenswertes Streben, bei dem ich nur zu gern mitwirkte. Nur war ich manchmal über die Art, wie man dieses Ziel zu erreichen versuchte, nicht gerade begeistert.

Ich weiß zum Beispiel noch, daß wir mit dem vollständigen Symphonieorchester – im Frack auf dem Aufleger eines großen Sattelschleppers sitzend – durch die ehemaligen Bergbaugebiete in der Provinz Limburg fuhren, um dort in den Dörfern öffentliche Straßen- und Platzkonzerte zu geben. Auf diese Weise wollte man ein Publikum erreichen, das normalerweise nicht ins Konzert geht, und es mit klassischer Musik vertraut machen. Ob man diesem Ziel auch wirklich nähergekommen ist, weiß ich nicht. Als Musiker waren wir jedenfalls mit dieser „Lkw-Reihe", bei der sich in jedem Dorf höchstens eine Handvoll Menschen aufmachte, um uns zu hören, nicht sehr glücklich.

Im Rahmen eben dieser Kulturpolitik wurde das MAASTRICHTER SALONORCHESTER von der niederländischen Botschaft in Bonn einmal für ein bestimmtes Konzert irgendwo in Deutschland verpflichtet. Wir arbeiteten damals oft mit der Botschaft zusammen, und die Konzerte, die sie bis dahin mit uns veranstaltet hatte, waren immer sehr erfolgreich gewesen.

Das erwähnte Konzert in Deutschland war zugleich das letzte, das unser Pianist Tjeu Heyltjes mit uns geben sollte. An diesem Tag verabschiedete er sich nämlich zu unser aller großem Bedauern nach mehr als fünf Jahren vom MAASTRICHTER SALONORCHESTER. Auch ihm fiel die Trennung schwer. Wir hatten wunderbare gemeinsame Jahre hinter uns, in denen er mit seinem unverwüstlichen Humor immer für eine tolle Atmosphäre im Orchester gesorgt hatte.

Auf der Hinfahrt nach Deutschland waren wir deshalb schon in einer etwas wehmütigen Stimmung. Die Ironie des Schicksals wollte es, daß dies in jeder Hinsicht das freudloseste Konzert werden sollte, das wir je gegeben haben. Wie genau der Ort hieß, in den uns die Botschaft schickte, weiß ich nicht mehr, aber es war eine nicht besonders auffällige, ziemlich abgelegene kleine Industriestadt irgendwo im Ruhrgebiet.

Die Blütezeit der Stadt war längst vorbei. Das erkannten wir auf den ersten Blick, als wir an jenem regnerischen Sonntagmorgen ankamen. Sie machte einen etwas farblosen, vor allen Dingen aber total verlassenen Eindruck. Es herrschte eine trübselige Atmosphäre, nirgendwo war ein Mensch zu sehen, und wir fragten uns, was die Botschaft wohl veranlaßt haben mochte, uns hierher zu schicken.

Unsere Stimmung verbesserte sich dadurch nicht gerade. Hatten wir uns vielleicht geirrt? Gab es möglicherweise einen anderen Ort mit dem gleichen Namen und waren wir aus Versehen in die falsche Stadt geraten? Aber dann hätte uns die Botschaft doch warnen müssen! Irgend etwas stimmte da nicht.

Dem Humor meiner Kollegen verdankte ich zwar die Einsicht, daß die Sache auch ihre komische Seite hatte, aber trotzdem ging mir das alles inzwischen furchtbar auf die Nerven. Ich bereite meine Auftritte immer gut vor und möchte aus jedem Konzert, das ich gebe, gern einen Erfolg machen. Aber wie sollte ich das hier anfangen? Und wo, um Himmels willen, war das Theater oder der Konzertsaal? Nicht einmal ein Gemeinschaftszentrum fanden wir in diesem praktisch menschenleeren Ort, und keiner der wenigen Bewohner, denen wir begegneten, wußte etwas von einem Konzert.

So ein Witz! Schließlich entdeckten wir einen kleinen Platz, auf dem ein Zelt aufgestellt worden war. Ein paar Kinder, die sich eindeutig langweilten, standen davor und sahen uns verlegen an. Und dann erwähnte irgend jemand, daß in diesem Zelt ein Sonntagskonzert stattfinden solle. Na ja..., das mußte dann wohl unseres sein.

Vorsichtig gingen wir hinein und sahen uns um. Das Zelt an sich war ganz hübsch, ein sogenanntes Spiegelzelt, klein, aber gemütlich, und in einer Ecke stand sogar ein Klavier. In der Mitte war aus Holzbrettern eine Tanzfläche (Hilfe!) gebaut worden, und ringsherum an den Wänden befand sich so etwas wie Eisenbahnabteile, in denen die Leute sitzen konnten. Besser gesagt: hätten sitzen können! Fünf Minuten vor Anfang des Konzerts war nämlich noch keine Menschenseele zu erblicken. Mein Alptraum wurde Wirklichkeit! Während meiner ganzen Zeit mit dem MAASTRICHTER SALONORCHESTER hatte es für mich keinen fürchterlicheren Gedanken gegeben als den, vor einem leeren Saal auftreten zu müssen. Das war immer meine allergrößte Angst gewesen. Dabei hatte sie sich als vollkommen unbegründet erwiesen, denn bis dahin hatten wir ausschließlich vor ausverkauften Häusern gespielt. Aber jetzt sollte sie wohl doch wahr werden, hier in diesem gottverlassenen Nest.

Der Schweiß brach mir aus allen Poren. Unentschlossen standen wir da und zupften ein wenig an unseren Instrumenten herum, als plötzlich – dem Himmel sei Dank! – zwei ältere Ehepaare hereinspaziert kamen und sich setzten. Weil die Anfangszeit des Konzerts bereits um zehn Minuten überschritten war, beschlossen wir, einfach etwas zu spielen – für diese vier Leute, für uns selbst und für unsere mitgereisten Ehefrauen.

Eigentlich war es wahnsinnig komisch: Da fährt man 250 Kilometer weit, bereitet sich sorgfältig auf ein Konzert vor, zu dem möglicherweise Hunderte von Menschen kommen, zieht sich um, und steht dann zu fünft in Frack und Abendkleid ziemlich albern da. Während wir spielten, kamen die Kinder und ein Mann, den man in früheren Zeiten wohl als den „Dorftrottel" bezeichnet hätte, zögernd zur Tür herein. Ich ermutigte sie mit meinem Blick, doch näherzutreten und fragte sie, als das Stück zu Ende war, ob es ihnen gefallen habe. Der Mann brummte bloß etwas vor sich hin, und der Reaktion der Kinder konnte ich entnehmen, daß sie kein Deutsch verstanden.

Jedoch fanden sie es im Zelt offenbar gemütlich, denn sie überwanden ihre Scheu und blieben. Nach einer Weile fühlten sie sich bei uns sogar so wohl, daß sie auf die Idee kamen, auf der hölzernen Tanzfläche Fangen zu spielen, was natürlich einen höllischen Lärm verursachte. Aber wir musizierten unbeirrt weiter! Ich versuchte noch, ihnen klarzumachen, daß sie, wenn sie sich ruhig hinsetzen und unserer Musik zuhören würden, bestimmt mehr Freude an dem Konzert hätten. Schließlich waren sie unser Publikum! Aber sie verstanden unsere guten Absichten nicht und stampften weiterhin fröhlich auf den Holzbrettern umher.

Am Ende gaben wir dann doch auf, entschuldigten uns bei den zwei Paaren und entzogen uns dieser für jeden rechtschaffenen Musiker beklemmenden Lage durch die Flucht. Erst als wir wieder auf der Autobahn in Richtung Heimat fuhren, atmeten wir erleichtert auf, und ich konnte über das alles sogar lachen. Was für eine entsetzliche Blamage! So etwas hatten wir noch nie erlebt, und wir hofften inständig, daß uns etwas Derartiges nie wieder passieren würde.

Das Gute an der Geschichte war, daß sich unser lieber Freund Tjeu auf Grund dieses grandiosen Debakels dann doch lachend von uns verabschieden konnte: „André, Junge, wenn ich dir für die Zukunft einen guten Rat geben darf, mach Schluß mit der Botschaft!"

Ganz so rigoros brauchte man natürlich nicht zu sein, aber daß die oben erwähnte Kulturpolitik so ihre Schwächen hatte, dürfte wohl hinreichend klar geworden sein.

Rettet
die Sahelzone!

*D*ie Verbesserung der Lebensbedingungen der Allerärmsten auf dieser Erde sowie die Erhaltung unserer Umwelt sind beides Themen, die Marjorie und mir sehr am Herzen liegen. Das ist auch der Grund, warum ich ein Kapitel dieses Buches einem einzigen, sehr besonderen Konzert widmen möchte.

Kurz nach dem *HIERINGEBIETE*-Konzert des Jahres 1987 rief Sjef Vink, Reporter beim Limburgischen Rundfunk, bei mir an und fragte, ob ich mit ihm mal über ein Wohltätigkeitskonzert sprechen würde. Sjef ist Mitglied der Stiftung Maastricht-Niou[6], die sich für das Wohlergehen der Menschen in Burkina Faso, einem der ärmsten Länder der Sahelzone, einsetzt. Er war vom *HIERINGEBIETE* begeistert und wollte gern ein derartiges Konzert zugunsten seiner Stiftung und der guten Sache, der sie dient, veranstalten. Das MAASTRICHTER SALONORCHESTER würde, so meinte er, Hunderte von Menschen anziehen, so daß eigentlich einiges Geld für Niou zusammenkommen müßte. Die Idee gefiel mir sofort, schon weil ich eine Möglichkeit sah, zugleich einen Beitrag zur Erhaltung unserer Umwelt zu leisten.

Unter dem Motto „Rettet die Sahelzone, zehn Gulden für einen Baum!" wollte ich ein Konzert geben, dessen Erlös für die Anpflanzung von Bäumen in Burkina Faso zur Verfügung gestellt werden sollte. Wir hofften, auf diese Weise wenigstens einen kleinen Teil der seit Jahren unter einer extremen Trockenheit leidenden verdorrten Sahelzone wieder fruchtbar und bewohnbar machen zu können.

Daß dieses Konzert der Anfang eines großangelegten Projekts zur Wiederaufforstung der Sahelzone und zugleich der Start meines späteren Unternehmens André Rieu Productions bv sein sollte, war zu jener Zeit noch nicht abzusehen.

Voller Zuversicht, jedoch ohne die geringste Erfahrung auf diesem

---

[6] Niou: Departement und Stadt in Burkina Faso.

Gebiet nahmen wir – die Mitglieder der Stiftung sowie Marjorie und ich – die Organisation dessen, was bald den Namen *GALAKONZERT* erhielt, in Angriff. Bis dahin hatten wir noch nie von uns aus ein Konzert veranstaltet. In der Regel wurde das MAASTRICHTER SALONORCHESTER von Theatern oder größeren Firmen gegen ein Pauschalhonorar verpflichtet, und von einem eigenen Unternehmen war damals noch nicht die Rede.

Mir schwebte von Anfang an ein wirklich großes Konzert vor, also nicht nur mit dem MAASTRICHTER SALONORCHESTER, sondern auch mit Solisten und Chören. Außerdem hielt ich den Konzertsaal, in dem wir damals noch das *HIERINGEBIETE*-Konzert gaben, für viel zu klein. Wir mußten unbedingt einen größeren Raum finden, denn je mehr Leute wir unterbringen konnten, desto größer war der Erlös für den wohltätigen Zweck.

Obwohl ich noch nie etwas Derartiges gemacht hatte, übernahm ich die Verantwortung für den künstlerischen Teil der Veranstaltung. Es gelang mir, einige bekannte Künstler und Chöre zu verpflichten, so den „Maastreechter Staar"-Chor, die Sopranistinnen Marjon Lambriks und Ans Humblet, den Kinderchor von Ger Withag und last but not least natürlich auch das MAASTRICHTER SALONORCHESTER. Alle, die ich um ihre Beteiligung bat, waren von unserem Vorhaben begeistert und stimmten sofort von ganzem Herzen zu. Aber nicht nur die Künstler, sondern auch alle anderen Menschen und Behörden, an die wir uns wandten, sagten ihre unentgeltliche Mitwirkung zu. Das fand ich wirklich großartig! Uns wurde sogar die Eurohalle, damals der größte Saal Maastrichts, umsonst zur Verfügung gestellt.

Abgesehen vom rein Organisatorischen war natürlich die Öffentlichkeitsarbeit ein sehr wichtiger Faktor. Marjorie schrieb Presseberichte und schickte Fotos herum, und ich selbst gab möglichst viele Interviews für Rundfunk und Zeitungen, um auf das Konzert und seinen guten Zweck nicht nur hier bei uns, sondern auch jenseits der Grenzen aufmerksam zu machen. Während eines dieser Interviews im Belgischen Rundfunk kam ein Anruf von einer Sekretärin der Universität Gent. Sie war ganz begeistert von unserem Vorhaben und bat uns dringend, mit ihrem Vorgesetzten, Professor van Cotthem, Verbindung aufzunehmen. Das tat ich sofort. Es stellte sich heraus, daß seine Fakultät (der Pflanzengenealogie) es sich ebenfalls zur Aufgabe gemacht hatte, in unfruchtbaren Gebieten Bäume anzupflanzen. Professor van Cotthem war sehr interessiert und versprach, schon bald einmal zu einem ausführlicheren Gespräch nach Maastricht zu kommen. Dieser Besuch führte dann nicht nur zu einer intensiven, immer noch bestehenden Zusammenarbeit zwischen „unserer" Stiftung und der Universität Gent, sondern er war auch

Das MAASTRICHTER SALONORCHESTER. V. l. n. r.: Jo Huijts (Nachfolger des Pianisten Tjeu Heyltjes), Marie-Hélène Bertholomé, ich, Frans und Jean. Auch im Privatleben halten wir zusammen. Wenn man schon so viele Jahre gemeinsam musiziert, teilt man Freude und Kummer miteinander, und dann entstehen – erst recht in einem so kleinen Ensemble – Freundschaften fürs Leben.

Das MAASTRICHTER SALONORCHESTER in der heutigen Besetzung. Ganz links von mir der Geiger Frans Vermeulen, neben ihm der Kontrabassist Jean Sassen, rechts die Cellistin Henriette Janssen und der Pianist Jo Huijts.

1987. Sjef Vink und Willem van Cotthem in Burkina Faso beim Anpflanzen der Bäume, deren Ankauf durch das „*GALAKONZERT* zugunsten der Sahelzone" möglich wurde.

1994. Sjef und Willem sehen sich voller Stolz die Bäume an, die mittlerweile einige Meter hoch sind.

Das Entstehen des „Bois de l'amitié Maastricht-Niou".

Eine festliche Premiere von *FRÜHLING IN WIEN* mit dem *JOHANN STRAUSS ORCHESTER*. Solisten sind die Sopranistin Ans Humblet und der Tenor Ton Hofman.

1991. *Frühling in Wien.*

der Beginn einer engen Freundschaft zwischen uns und diesem liebenswerten Menschen.

―――――――――

Wir waren über die Unterstützung durch
Willem van Cotthem sehr glücklich, weil er ein Experte auf
seinem Gebiet ist und eine aufsehenerregende Erfindung gemacht hat,
die für den Kampf gegen die zunehmende Versteppung von größter
Bedeutung ist. Er hat eine Mischung aus sogenannten Polymeren,
einem Kunststoffgranulat, und bestimmten Düngemitteln entworfen.
Dieser „Terracottem" genannte Stoff wird – einfach ausgedrückt – kurz
vor Beginn der großen Regenzeit dem Boden um die jungen Bäume
beigegeben. Das Granulat saugt sich dann mit Wasser voll,
speichert es (wenn nötig, mehrere Monate) und gibt es schließlich
langsam an den Boden und die Baumwurzeln ab, so daß die
Bäume auch eine längere Trockenzeit überleben und ungestört
wachsen können. Auf diese Weise kann man im Lauf der Zeit
die ganze Wüste wieder begrünen.

―――――――――

Ich fand seine Methode so faszinierend, daß allein sie schon meine
Begeisterung für das, was wir uns vorgenommen hatten, anfachte. Deshalb veranstalteten wir dann unter demselben Motto noch eine Rundfunkaktion, bei der auch Betrieben die Gelegenheit gegeben wurde, in der Sahelzone Bäume zu pflanzen.

Wir hatten uns, offen gestanden, etwas zuviel aufgebürdet, so daß die Organisation des *GALAKONZERTS* am Ende zu einem Wettlauf mit der Zeit wurde. Aber es sah so aus, als würde doch noch alles rechtzeitig fertig werden. Insgesamt waren für das Konzert 1600 Karten verkauft worden – eine Zahl, an die wir nicht im Traum gedacht hatten, denn schließlich war ich damals noch lange nicht so bekannt wie heute! Die Proben waren gut verlaufen, das Programm steckte voller Überraschungen, die geladenen Gäste (unter ihnen Vertreter mehrerer Umweltschutzorganisationen) hatten alle zugesagt, und auch sonst schien alles in Ordnung zu sein. Der Limburgische Rundfunk wollte das Konzert direkt übertragen, so daß auch die Zuhörer daheim in der Lage sein würden, mit Hilfe von Bank und Post Bäume zu pflanzen.

Aber dann, am Tag des Konzerts: Panik! Auf einmal kursierte das Gerücht (kein Mensch wußte, wer es aufgebracht hatte), daß Marjon Lambriks nicht kommen würde!

Das *GALAKONZERT* mit – unter anderen – Marjon Lambriks und dem „Mastreechter Staar"-Chor. Das Konzert wurde zugunsten der Aktion „Rettet die Sahelzone!" veranstaltet. Aber es war nicht nur deshalb ein besonderes Konzert; es sollte auch für meine Laufbahn große Bedeutung gewinnen.

O Schreck, was nun? Sie war schließlich der große Star unseres Konzerts, und wenn sie nicht kam, war das für das Publikum eine schwere Enttäuschung. Zudem drohte das ganze Programm zu scheitern: die Lambriks zusammen mit dem „Staar"-Chor, ein Duett der zwei Sopranistinnen, ihr Auftritt mit den Kindern. Was sollten wir bloß ohne sie machen? Ich konnte in der kurzen Zeit unmöglich ein neues Programm zusammenstellen. Obendrein zeigte sich am Nachmittag während der Generalprobe, daß die Beschallungsanlage einen gräßlichen Klang erzeugte. Er war nicht zum Anhören! Obwohl mir die Fachleute versicherten, daß es abends in einer mit Menschen gefüllten Halle perfekt klingen würde, mochte ich dem Frieden nicht so recht trauen. Allmählich brach mir der Angstschweiß aus. Eine gigantische Blumendekoration wurde angeliefert, die auf der Bühne über dem Orchester hängen sollte, aber sie hatte die Form eines Riesenkreuzes und paßte ganz und gar nicht zu einem festlichen *GALAKONZERT*. Einer meiner Söhne sah das Blumenkreuz in der Halle liegen und fragte interessiert: „Papa, ist das jetzt eine Beerdigung?"

Infolge der vielen Dinge, die im letzten Moment schiefzugehen drohten, war ich kurz vor Anfang des Konzerts derart mit den Nerven fertig, daß ich so etwas gesagt haben muß wie: „Sollen sich die da drüben, verdammt noch mal, ihre Bäume doch sonstwohin stecken!" (Ich möchte hier ausdrücklich versichern, daß ich mich im allgemeinen nicht so auszudrücken pflege. Es ist mir, entnervt wie ich war, nur so herausgerutscht.) Die Stiftung macht mir das noch heute aus Jux zum Vorwurf!

Nun ja, die Lambriks kam doch, und sie sang wunderschön, wie alle anderen auch. Die Blumendekoration wurde dem Anlaß ein wenig angepaßt, die Beschallungsanlage funktionierte tatsächlich perfekt, und auch alle anderen Probleme erledigten sich wie von selbst. Das *GALAKONZERT* zugunsten der Sahelzone, an jenem denkwürdigen 20. Juni 1987 gegeben, war ein derartiger Erfolg, daß man in Maastricht noch viele Jahre später davon sprach. Der Erlös betrug über vierzigtausend Gulden, ein Betrag, von dem weder die Stiftung noch wir je zu träumen gewagt hätten.

Einige Monate später reisten Sjef Vink und Professor van Cotthem nach Burkina Faso, um dort zusammen mit einem Team der Universität Gent „unseren" Wald zu pflanzen. Er umfaßte zunächst fünftausend Bäume und erhielt den Namen BOIS DE L'AMITIÉ[7] MAASTRICHT-NIOU. Wir sind natürlich wahnsinnig stolz darauf, daß wir mit unserer Musik so etwas zustande bringen konnten. Mittlerweile haben die Bäume, die damals angepflanzt wurden, eine Höhe von etwa fünf

[7] Wald der Freundschaft

113

Metern erreicht. Sie sorgen vor allem dafür, daß der Boden in diesem dürren Gebiet wieder fruchtbar wird, so daß zwischen den Bäumen Gemüsebeete angelegt werden können.

Nach dem *GALAKONZERT* haben wir uns auch weiterhin intensiv mit der Sahelzone beschäftigt. Marjorie wurde Mitglied der Stiftung und war jahrelang ihre Sekretärin. Obwohl im Lauf der Jahre schon abertausend Bäume gepflanzt worden sind, brauchen wir immer noch viel Geld, um unseren Kampf gegen das weitere Vordringen der Wüste fortsetzen zu können. Ich werde also ganz bestimmt irgendwann wieder ein *GALAKONZERT* zugunsten der Sahelzone geben.

PECH!

Die bereits genannte „Serenade mit der Nachtigall" und das alljährliche *HIERINGEBIETE* am Aschermittwoch waren jahrelang die beiden Säulen, auf denen der Erfolg des MAASTRICHTER SALONORCHESTERS ruhte. Die *Serenade*, die im Belgischen Rundfunk oft zu hören war, hatte uns zu großer Bekanntheit verholfen, und auch das *HIERINGEBIETE*-Konzert hatte, nicht zuletzt auf Grund der jährlichen Direktübertragungen im Rundfunk, eine bis weit über die Grenzen hinausreichende Ausstrahlung. Dieses Konzert am Aschermittwoch – das von der Atmosphäre her ein wenig an die Londoner *LAST NIGHT OF THE PROMS* erinnert – wurde in Maastricht zu einer neuen Tradition, die inzwischen so untrennbar mit dem Karneval verbunden ist wie zum Beispiel der Rosenmontagszug.

Das Programm bestand in all diesen Jahren ausschließlich aus Musikstücken, die zum Standardrepertoire des MAASTRICHTER SALONORCHESTERS gehörten. Wir haben uns – außer dem unumgänglichen *Am Aschermittwoch ist alles vorbei* – nie dazu verleiten lassen, „richtige" Karnevalsmusik zu spielen. Schließlich ist an diesem Tag der Karneval wirklich vorbei, und dann können gerade die mitreißenden Walzer und bekannten Operettenmelodien unter anderem von Franz Lehár und Emmerich Kálmán einem den Übergang zum grauen Alltag unheimlich erleichtern. Wohl aber führen wir jedes Jahr eine mehr oder weniger karnevalistische Szene auf, die wir uns gemeinsam ausdenken. „Wir" heißt in diesem Fall: die Mitglieder des Salonorchesters, Marjorie und ich. Und selbstverständlich haben wir dabei immer einen Mordsspaß. Im Lauf der Zeit haben viele bekannte Größen aus Stadt und Land mitgemacht, unter ihnen der Fernsehreporter Huub Mans, der Schauspieler und Maler Pieke Dassen, der Tenor Wim Steinbusch und auch der „Mastreechter Staar"-Chor.

Es würde zu weit führen, hier jedes einzelne der achtzehn *HIERINGEBIETE*-Konzerte zu schildern, obwohl sie alle ausnahmslos Höhepunkte in der Karriere des MAASTRICHTER SALONORCHESTERS gewesen sind. Aber ein paar ganz außergewöhnliche hat es schon gegeben. Wie zum Beispiel jenes im Jahr 1990, das eigentlich draußen auf dem Markt stattfinden sollte. Theater und Konzertsäle hatten sich längst als viel zu klein erwiesen, die sehr viel größere Eurohalle war nicht mehr in Gebrauch, und das funkelnagelneue Kongreßzentrum MECC erschien – am Rande der Stadt gelegen – vielen Maastrichtern damals noch zu weit entfernt. Deshalb hatte ich mich mit einer neuen Initiative an die Stadtverwaltung gewandt. Ich hatte die Genehmigung beantragt und bekommen, mitten in der Stadt, das heißt auf dem Marktplatz, für einen Tag ein riesiges Zelt aufzubauen, in dem wir das *HIERINGE-BIETE*-Konzert geben wollten.

Viele Monate der Vorbereitung waren notwendig gewesen, um die ganze Sache hinzukriegen. Zahllose Gespräche mit Behörden, Feuerwehr, Marktmeister, Zeltbauern, Technikern und so weiter hatten geführt werden müssen. Aber es hatte alles geklappt, und endlich waren wir soweit: Das Drehbuch für die Dienstagnacht (d. h. für den Aufbau) und den Mittwoch war fertig, und alle Beteiligten waren startbereit. Das war, wohlgemerkt, vor dem Wochenende, denn zwischen dem Karnevalssonntag und -dienstag kann man in Maastricht nichts anderes tun als Karneval feiern. Da darf man keinem mehr mit Problemen organisatorischer oder sonstiger Art kommen.

Es war also der Freitag vor den tollen Tagen erreicht, ein strahlender, sonniger Frühlingstag, der ein phantastisches Fastnachtsfest erwarten ließ. Aber dann hörte Marjorie in ihrem Büro die Wettervorhersage des berühmten – man möchte fast sagen lyrisch begabten – „Wetterkönigs" des Belgischen Rundfunks, Armand Pien. Schwere Unwetter seien im Anzug, behauptete er, es nahe ein Sturm, wie man ihn seit Jahren nicht mehr erlebt habe! Geradezu drohend klang Piens Stimme, als er zu äußerster Vorsicht mahnte: „Leute, bleibt bitte in euren Häusern! Geht nicht hinaus, wenn es nicht unbedingt sein muß, denn es wird katastrophal, vor allem Mitte der nächsten Woche, wenn dieser Sturm seinen Höhepunkt erreicht!"
Den Rest des Wetterberichts hörte Marjorie gar nicht mehr. Sie kam die Treppe heruntergerast, um mir die Unheilsbotschaft zu überbringen. Mitte der nächsten Woche, ausgerechnet am Mittwoch! Panisches Entsetzen! Sollten wir Pien glauben? Es herrschte doch so ein herrliches Frühlingswetter, und da sollte es schon bald einen Sturm geben? Das war doch nicht möglich. Andere, niederländische Wetterwarten, bei denen wir anriefen, waren weniger pessimistisch. Nun ja, meinte man dort, ein kräftiger Wind werde schon wehen, aber ein schwerer Sturm?

Nein, das sei wohl etwas übertrieben. Ich solle mir da mal keine allzu-
großen Gedanken machen.

Was tun? Viel Zeit zum Überlegen blieb mir nicht. Es war Freitag-
nachmittag, in nur wenigen Stunden war Feierabend, und dann würden
in Maastricht Jubel, Trubel und Heiterkeit ausbrechen. Wenn ich noch
etwas umändern wollte, dann mußte ich die notwendigen Schritte unbedingt sofort unternehmen, mußten wir uns unverzüglich an die Arbeit
machen. Aber dazu war es eigentlich schon viel zu spät, wir würden es
nie und nimmer schaffen, es war schlicht und einfach purer Wahnsinn!
Andererseits... durfte ich das ungeheure Risiko eingehen und am Mittwoch Tausende von Leuten in einem Zelt zusammenkommen lassen, das
möglicherweise von einem Sturm zerstört werden würde?

Was genau mich zu meinem Entschluß veranlaßte, weiß ich nicht
mehr. Vielleicht war es eine Art Loyalität den Belgiern gegenüber, die
während all dieser Jahre so treue Fans gewesen waren. Ich glaubte
Armand Pien und sagte den Zeltaufbau ab.

Und das war ein Glück, denn das Wetter war an jenem Mittwoch
tatsächlich katastrophal! Das ganze Land wurde von einem schrecklichen Unwetter heimgesucht. Sogar die alte Eurohalle, in die wir in aller
Eile ausgewichen waren, hielt dem Sturm kaum stand. Während des
Konzerts stürzte ein Teil des Daches ein – glücklicherweise nicht in dem
Raum, in dem unsere Aufführung stattfand. Und nach dem Konzert
wäre unter den Zuschauern fast eine Panik ausgebrochen, weil sich keiner in das schreckliche Unwetter hinauswagte, so daß an den Türen ein
furchtbares Gedränge entstand.

Aber es ist, Gott sei Dank, nichts Schlimmes passiert. Wir hatten ein
herrliches Konzert, und über den finanziellen Schaden (ich hatte ja das
Zelt stornieren müssen) bin ich im Lauf der Zeit auch hinweggekom-
men.

Ich wage zu bezweifeln, daß ich jemals wieder ein Konzert in einem
Zelt veranstalten werde. Daß jedoch Armand Piens legendärer Ruf nicht
allein auf Legenden beruht, daran hege ich nicht die geringsten Zweifel!

Im Jahr darauf sollte das dreizehnte(!) *HIERINGEBIETE* stattfinden.
Ich bin nicht abergläubisch und sah deshalb im Gegensatz zu vielen
anderen, die nach der Erfahrung des letzten Jahres eher mißtrauisch
waren, dem Konzert voller Optimismus entgegen. Ein Irrtum, wie sich
bald herausstellen sollte, denn das Pech des Jahres 1990 war nichts im
Vergleich zu dem, was jetzt geschah.

Es war Anfang Januar 1991, und es ging allmählich wieder auf Karneval zu. Wir hatten uns wie immer gründlich auf das *HIERINGEBIETE*-
Konzert vorbereitet, Tausende von Karten waren bereits verkauft wor-

den, und sowohl das Publikum als auch wir freuten uns auf die fröhliche, ausgelassene Veranstaltung.

Aber dann erschien auf einmal – mit riesigen schwarzen Schlagzeilen in allen Zeitungen – die Schreckensnachricht: KRIEG! Der Krieg in dem von Saddam Hussein besetzten Kuwait, den so viele gefürchtet hatten, war ausgebrochen. Die Welt reagierte mit Angst und Grauen. Die deutschen Behörden sagten sofort alle Karnevalsfeiern ab, und die Niederlande folgten wenig später. Alle Faschingsumzüge, Sitzungen, Kostümbälle usw. wurden gestrichen, die Prinzen nach Hause geschickt. 1991 sollte ein Jahr ohne Karneval werden.

Und nun? *HIERINGEBIETE* war zwar keine richtige Karnevalsveranstaltung, aber trotzdem..., konnten wir jetzt noch bedenkenlos unser Konzert geben – mit all dieser fröhlichen Musik und der damit verbundenen ausgelassenen Stimmung? Sollten wir statt dessen vielleicht lieber eine ganz andere, eher klassische Musik spielen, also im Sinne eines Requiems für die vielen Opfer, die es schon gegeben hatte? Aber das war eine Musik, die das Publikum natürlich nicht von uns erwartete. Ich war vollkommen ratlos. Einerseits fühlten wir uns, wie so viele andere Menschen auch, in einer bedrohlichen Lage und waren überhaupt nicht dazu aufgelegt, Feste zu feiern. Andererseits hielt ich es für meine Pflicht, die Menschen auch in dieser schweren Zeit mit unserer Musik aufzuheitern. Und eigentlich taten mir auch die vielen Tausende leid, die sich schon so sehr auf unser Konzert gefreut hatten. Wir fanden einfach keine Lösung.

Bis ich im Fernsehen die Übertragung der leidenschaftlichen Ansprache des Bürgermeisters von Tel Aviv sah, der den verängstigten Bewohnern seiner Stadt Mut zusprach. „Genießt das Leben, solange es möglich ist", hörte ich ihn sagen, „singt und tanzt und freut euch!"

Seine Worte gaben den Ausschlag: Ich durfte mein Publikum nicht enttäuschen. Wir würden das Konzert geben, genauso wie es geplant war, und dafür sorgen, daß die Leute wenigstens ein paar Stunden ein bißchen entspannen und die bedrohliche Lage vergessen konnten.

Das ist uns dann auch gelungen; es herrschte bei diesem Konzert – vielleicht gerade auf Grund der ungeheuren Spannung – eine großartige Atmosphäre. Der Erlös ging an die Unicef-Aktion *Helft den Kindern der Golfregion*, und im nachhinein war ich sehr dankbar und glücklich, daß ich mich für diese Lösung entschieden hatte.

Seitdem haben sich zur Zeit des *HIERINGEBIETE*-Konzerts glücklicherweise keine Katastrophen mehr ereignet. Wir geben es noch jedes Jahr mit großer Freude, und dies nun auch in einigen anderen Städten. Durch die Live-Aufnahme des 89er Konzerts auf CD, die inzwischen

Gold erobert hat, ist das *HIERINGEBIETE* weit und breit bekannt geworden, wobei ich allerdings oft den Eindruck habe, daß man außerhalb der „Karnevalsregion" keine Ahnung hat, was dieses komische Wort eigentlich bedeutet.

DRITTER TEIL

DAS JOHANN STRAUSS ORCHESTER
1987 BIS HEUTE

DAS JOHANN STRAUSS ORCHESTER
1. André Rieu, Stehgeiger
2. Freya Cremers, Geige
3. Véronique Henderix, Geige
4. Kremi Mineva, Geige
5. Jo Huijts, Klavier
6. Michel Awouters, Geige
7. Lin Jong, Geige
8. Frank Steijns, Geige
9. Jet Gelens, Geige
10. Inge Gorissen, Geige
11. Ward Vlasveld, Synthesizer
12. Rob Zeguers, Kontrabaß
13. Teun Ramaekers, Flöte

14. Wil Rijs, Kontrabaß
15. Manou Konings, Klarinette, Saxophon
16. Renate Dirix, Fagott, Saxophon
17. Cecilia Awouters, Bratsche
18. Martijntje Hermans, Bratsche
19. Margriet van Lexmond, Cello
20. Andrea Ivanyos, Cello
21. Hanneke Roggen, Cello
22. Henriette Janssen, Cello
23. Marcel Falize, Schlagzeug
24. René Henket, Trompete
25. Roger Diederen, Trompete
26. Ruud Merx, Posaune
27. Marc Doomen, Horn

HILFE,
ICH BIN GEIGER

*I*ch erwähnte bereits, daß der 20. Juni 1987 ein ganz besonderes Datum für mich war. Dieser Tag und die ihm vorangehenden Ereignisse haben zu einer großen Veränderung in meiner Laufbahn geführt. Das *GALAKONZERT* zugunsten der Hilfsaktion für die Sahelzone war für mich eigentlich der allererste Beginn von etwas ganz Neuem, nämlich einer Karriere als Unternehmer. Zwar noch nicht im vollen juristischen Sinn – das ergab sich erst später –, aber es war immerhin das erste Konzert, das wir ganz selbständig, wenn auch mit Hilfe einiger Stiftungsmitglieder „unternommen" hatten.

Wir hatten es eigenhändig aus dem Nichts hervorgebracht, ohne daß ihm ein Vertrag mit einem Theater zugrunde lag und ohne daß es irgendeine Instanz gab, die die Risiken abgesichert hätte. Letztere sind zwar bei einer Benefizveranstaltung geringer als bei normalen Konzerten, weil viele Leute unentgeltlich mitwirken. Aber trotzdem war es kein leichtes Unterfangen, an das wir uns herangewagt hatten, und die Tatsache, daß es uns gelungen war, stärkte mein Selbstvertrauen.

Ich bekam jetzt Lust, häufiger etwas selbst zu organisieren. Es gefiel mir einfach, ein bestimmtes Ziel vor Augen zu haben, für das ich mich einsetzen konnte – erst recht, wenn die Aussicht bestand, daß es dann zu einem so tollen Ergebnis wie dem *GALAKONZERT* führte. Am schönsten an der ganzen Sache fand ich, daß ich dabei vollkommen unabhängig sein konnte. Es gab keinen Vorgesetzten, der mir vorschrieb, was ich zu tun und zu lassen hatte, welche Stücke ich nicht oder gerade doch ins Programm aufnehmen sollte und von wann bis wann ich proben mußte oder durfte.

Durch den Erfolg unseres ersten, selbst organisierten Konzerts ermutigt, wagte ich es wenig später, ganz und gar auf eigene Faust – natürlich immer nach intensiver Beratung mit Marjorie und mit ihrer Hilfe – Konzerte zu veranstalten und auch die damit verbundenen finanziellen Risiken einzugehen. Wer weiß, vielleicht würde es uns gelingen, ein eigenes Unternehmen aufzubauen!

Merkwürdigerweise nimmt man mir ein
solches Verhalten oft übel, wahrscheinlich, weil es für einen
Musiker als recht ungewöhnlich gilt. Die Ausbildung an einem
Konservatorium konzentriert sich einzig und allein auf die
Beherrschung des Instruments und auf allgemeine Musikkenntnisse.
Sie ist nicht in dem Sinne praxisorientiert, daß dem zukünftigen Musiker beigebracht wird, wie er mit dem Musizieren sein Brot verdienen
kann. Und dabei ist das doch nicht ganz unwichtig! Dieser Aspekt
wird leider vollkommen vernachlässigt. Überhaupt gilt die Tatsache,
daß man mit Musik Geld verdient, in klassischen (subventionierten!)
Kreisen oft als etwas, über das man weit erhaben ist. Darüber spricht
man nicht und rümpft eher die Nase. Das ist schon sonderbar, und es
macht mich auch ein bißchen traurig. Denn wenn man auf seinem
Instrument wirklich etwas erreichen möchte, muß man jahrelang üben
– manchmal fast achtzehn(!), wenn man bedenkt, daß viele Kinder
etwa im fünften oder sechsten Lebensjahr damit anfangen. Aber man
ist sich absolut nicht darüber klar, daß man schließlich irgendwann
von demselben Instrument auch leben muß. Fast jeder erträumt sich
während seines langen Studiums, zum Beispiel der Geige, eine
Karriere als berühmter Solist, aber die ist nun mal nicht jedem
beschieden. Und wenn man dann sein Studium absolviert hat und
nicht gleich in der ganzen Welt als Solist gefragt ist – das heißt also in
neunundneunzig Prozent aller Fälle –, dann steht man einfach da,
guckt sich ein bißchen verdutzt um und denkt: Hilfe, ich
bin Geiger! Was nun? Genauso war es zunächst auch
mir ergangen. Mittlerweile war ich jedoch durch
Schaden klug geworden und fest entschlossen,
das Heft - oder besser: mein Leben -
selbst in die Hand zu nehmen.

Zum Teil war es natürlich auch Marjories Einfluß, der mich dazu veranlaßte, „Kaufmann" zu werden. Sie hatte zwar ein wissenschaftliches
Studium hinter sich, aber eigentlich stammte sie aus einer Kaufmanns-
familie, einer Welt von Menschen, die einen harten Kampf ums Dasein
führen mußten und denen sie schon ihr ganzes Leben lang großen
Respekt entgegengebracht hatte.
Einerseits war sie seit jeher sehr wißbegierig gewesen, andererseits lag
ihr auch das Kaufmännische von Kind an im Blut. Schon als kleines
Mädchen hatte sie Freude an der Kombination von „Handel" und „Wis-
senschaft" gehabt! Mit acht Jahren schlug sie ihre recht umfangreiche

Sammlung Kinderbücher ein, etikettierte sie sorgfältig, schrieb säuberlich Titel, Autor und die geeignete Altersgruppe auf jedes Buch und lieh sie dann gegen zwei Cent das Stück an die Kinder in der Nachbarschaft aus. Ihrer gewissenhaften Art entsprechend führte sie über den Verleih in einem eigens dazu angelegten Heftchen Buch, und ihre kleine „Leihbibliothek" lief vorzüglich.

Daß sie auch an der Kombination „Handel" und „Kunst" bereits früh Interesse zeigte, mag aus der Tatsache hervorgehen, daß sie als Zehnjährige – sie hatte damals schon einige Jahre Ballettunterricht – ihr Schlafzimmer als Tanzstudio einrichtete, wobei der Rand ihres Klappbettes als Stange diente. Und so gab sie in sehr jungen Jahren ihren kleinen Schulkameradinnen für zehn Cent pro Stunde und mit großer Begeisterung Ballettunterricht.

In den folgenden Jahren war für kaufmännische Experimente dieser Art allerdings keine Zeit mehr. Und es zeigte sich allmählich auch, daß dort dann doch nicht ihr eigentliches Interesse lag. Sie widmete sich der Schule und ihrem Studium, wurde Lehrerin für Deutsch und Italienisch an einem Maastrichter Gymnasium und wissenschaftliche Mitarbeiterin an der Universität Nimwegen. Auf Grund der damaligen Personalpolitik – glücklicherweise hat sich da inzwischen einiges geändert – bekam sie als Frau keine feste Stelle an der Fakultät und beschloß deshalb, sich einer ihrer Lieblingsbeschäftigungen, nämlich dem Übersetzen, zu widmen. In ihrer Freizeit befaßte sie sich vorwiegend mit Musik und Tanz, Schulkabarett und Studententheater, sowohl mit der Aufführung als auch mit der Organisation solcher Veranstaltungen.

Kurz nach der Gründung des MAASTRICHTER SALONORCHESTERS erwähnte ich Marjorie gegenüber einmal, daß ich jemanden suche, der das Management für mein Ensemble übernehmen würde. Da meinte sie, sie könne das doch tun, weil sie zufälligerweise keinen Übersetzungsauftrag habe. Auf jeden Fall wolle sie diese Arbeit so lange machen, bis ich dafür jemand anderen gefunden hätte. Sie dachte dabei an vier oder fünf Wochen, denn so lange dauerte es meistens, bis sie nach der Fertigstellung einer Übersetzung wieder einen neuen Auftrag bekam.

Sie fand die neue Arbeit jedoch so spannend, daß „die kleine Kauffrau", die sie als Kind gewesen war, erneut in ihr erwachte. Sie kümmerte sich immer intensiver um das MAASTRICHTER SALONORCHESTER, vertiefte sich in die Welt der Musik und der Unterhaltung und kam nach einer Weile überhaupt nicht mehr zum Übersetzen. Aus den vier Wochen wurden Monate, und mittlerweile sind es schon volle achtzehn Jahre, die sie meine Managerin ist! Marjorie übernahm die gesamte Organisation für das Orchester. Sie verkaufte Konzerte, verhandelte mit Theaterintendanten und Firmen, plante Termine, befaßte sich mit Werbung und Finanzen und erledigte den Papierkram.

Diese Arbeit machte ihr immer großen Spaß. Kein Wunder also, daß ich, nachdem ich so viele Jahre zusammen mit meiner (Geschäfts-)Frau verbracht hatte, selbst nun auch Geschmack am Unternehmertum und Organisieren fand.

STRAUSS?
NO, THANK YOU!

*S*chon lange bevor ich den Drang verspürte, selbständiger Unternehmer zu werden, hatte sich noch eine ganz andere Idee bei mir festgesetzt. Nachdem ich sieben oder acht Jahre mit dem MAASTRICHTER SALONORCHESTER aufgetreten war, war mir klar geworden, daß ich mehr wollte: ein größeres Orchester, vielleicht auch eine andere Musik, ich wußte es nicht so genau. Ich hatte zwar viel Freude am Salonorchester, sowohl am gemeinsamen Musizieren mit meinen Kollegen als auch am Repertoire, aber allmählich machte sich irgendwo in mir so ein gewisses Kribbeln bemerkbar. Auf dem Papier stellte ich verschiedene Ensembles zusammen, die in der Regel vorwiegend aus Streichern bestanden, weil mir dieser Klang nun einmal am besten gefällt. Gemeinsam mit meinem Vater, der zu jener Zeit noch lebte, prüfte ich sehr eingehend, welches Repertoire ich mit einem solchen größeren Orchester spielen könnte. Die – handgeschriebene! – Liste, die er für mich anfertigte, habe ich zum Glück aufbewahrt. Nach seinem Tod wurde sie zu einer der letzten, kostbaren Erinnerungen an ihn. Sie enthält unter anderem Albinonis und Barbers wunderschöne Adagios, Brittens *Simple Symphony, Concerti Grossi* von Corelli und Händel und noch viele andere wunderbare Stücke, die ich ganz bestimmt irgendwann einmal mit meinem Orchester einstudieren möchte. Aber damals war ich mir nicht sicher, ob dies – wie schön auch immer – nun die Art von Musik war, die ich für mein Publikum spielen wollte.

Monatelang quälten mich Zweifel. Einerseits war da diese phantastische Musik, die ich so liebte, andererseits wollte ich die entspannte Atmosphäre der Konzerte mit dem MAASTRICHTER SALONORCHESTER nicht aufgeben. Und daß ein „Albinoni-Abend" alles andere als gemütlich war, brauchte mir niemand zu erzählen! Wir hatten in den ersten Jahren des Salonorchesters einmal probeweise ein Konzert gegeben, bei dem wir ausschließlich bekannte klassische Stücke wie Schuberts *Militärmarsch,* Menuette von Boccherini und Beethoven, Haydns *Serenade* und das *Air* von Bach gespielt hatten. Normalerweise spielten wir bei einem Konzert höchstens ein oder zwei musikalische Kostbarkeiten dieser Art, und unser Publikum wußte sie immer sehr zu schätzen. Aber damals wußten die armen Zuhörer im Saal, die von uns ja den *Schlittschuhläuferwalzer* und *Plaisir d'amour* gewohnt waren, nicht, wie ihnen geschah. Und wir auch nicht! Unsere ganze Atmosphäre war dahin, es gab nichts zu lachen, und uns allen brach der kalte Schweiß aus. In Gedanken höre ich noch heute, wie der Kontrabassist Jean in der Pause des Konzerts zu mir sagte: „André, sollten wir nachher nicht lieber wieder den *Bummelpetrus* spielen?"

Was mir jetzt vorschwebte, war ein Konzert, das von der Atmosphäre her genauso unterhaltsam war wie die Abende mit dem MAAS-TRICHTER SALONORCHESTER, jedoch mit einem größeren Ensemble, das auch ein umfangreicheres Repertoire hatte als das Salonorchester. Selbstverständlich durften auch meine Geschichtchen nicht fehlen, denn ein Konzert ohne diese Plauderei mit dem Publikum konnte ich mir gar nicht mehr vorstellen. Der Gedanke an Kostüme, Dekorationen oder Show war damals noch weit entfernt.

All diese vagen Pläne gingen mir eine ganze Weile im Kopf herum. Ich stellte auf dem Papier immer neue Ensembles zusammen, suchte nach Repertoire und erkundigte mich mal schon vorsichtig bei dem einen oder anderen Kollegen, ob er nicht vielleicht Lust hätte, mitzumachen, als sich plötzlich wieder so ein glücklicher Zufall ergab, der mir half, den richtigen Weg zu finden.

Abgesehen von fleißiger Arbeit hat es in
meinem Leben doch auch eine Reihe glücklicher Umstände
gegeben, die zu meinem Erfolg beigetragen haben. Manchmal muß der
Mensch einfach ein bißchen Glück haben, wobei ich allerdings davon
überzeugt bin, daß man dieses Glück auch zu sich heranziehen kann.
„Wende dein Gesicht immer der Sonne zu, dann fallen die Schatten
hinter dich", hat einmal jemand in das Wunschbüchlein eines unserer
Kinder geschrieben, und genau das ist es, was ich anstrebe: das Leben
von der Sonnenseite zu sehen. Ich bin im allgemeinen ein Optimist
und gehe immer davon aus, daß alles irgendwann schon wieder
werden wird. Ich glaube an die positive Kraft in jedem Menschen, also
auch in mir, und glaube, daß mein Erfolg im wesentlichen darauf
beruht. Ich habe niemals zu Hause gesessen und abgewartet, ob sich
vielleicht irgendwann und irgendwie „das Glück" oder „der Erfolg"
einstellt, um dann in Jammern auszubrechen, wenn beides ausblieb.
Ich bin immer wieder ausgezogen, um mein Glück zu suchen,
weil ich fest davon überzeugt war, daß sich schon irgend etwas

ergeben würde, was mir in den Kram paßte. Und so war es meistens auch. (Übrigens halte ich ein solches „Wunschbüchlein" für eine sehr hübsche Erfindung. Als unsere Kinder geboren wurden, hatte Marjorie die Idee, jeden, der kam, um das Neugeborene zu bewundern, zu bitten, ihm einen Wunsch in ein kleines Buch zu schreiben. Diese Büchlein haben wir sorgfältig aufgehoben, damit wir sie unseren Kindern später, wenn sie das Elternhaus einmal verlassen, mit auf den Weg geben können. Die Kinder und wir lesen hin und wieder darin und haben dann Spaß an den geistreichen Bemerkungen und Weisheiten, die zahlreiche Freunde, Kollegen und Verwandte sich ausgedacht haben. Die Büchlein sind ein einmaliger und wertvoller Besitz, schon weil viele der „Autoren" inzwischen nicht mehr am Leben sind.)

———————

Wie schon gesagt, ergab sich während meiner Suche nach einer neuen Form etwas, das mich – auch wenn es zunächst nicht den Anschein hatte – auf die richtige Spur brachte. Nach einem Konzert im Kerkradener Wijngrachttheater kam der Intendant Math Schmeitz, der bereits erwähnte „Pate" des MAASTRICHTER SALONORCHESTERS, auf mich zu. Er ist ein sehr aktiver Intendant, der viel in der Welt umherreist, weil er ständig auf der Suche nach neuen, ausländischen Produktionen ist, die auch für den niederländischen Markt interessant sein könnten.

Während eines Besuchs in London hatte er einen englischen Produzenten kennengelernt, der dort erfolgreiche „Strauß-Nights" mit Ballett, Gesang und Orchester veranstaltete. Math Schmeitz wollte nun gemeinsam mit diesem Produzenten auch in den Niederlanden etwas Ähnliches auf die Beine stellen. „Wäre das nichts für dich, André, so ein Orchester zusammenzustellen und damit das englische Ballett zu begleiten?" Obwohl ich einsah, daß sein Angebot für mich eine einmalige Chance bedeutete, endlich mit einem größeren Orchester arbeiten zu können, sagte ich trotzdem aus ganzem Herzen: „Nein." Es war – bei allem Respekt vor dem Ballett – so ungefähr das Letzte, was mir vorschwebte. In meiner Phantasie sah ich schon alles vor mir: Sänger und Tänzer in den herrlichsten Kostümen auf der Bühne, dazu die prachtvollsten Kulissen – ich dagegen mit meinem Orchester tief unten im dunklen Orchestergraben, so gut wie unsichtbar für jeden und obendrein mit dem Rücken zum Publikum. (Das Wort Orchester*graben* hört sich schon wenig schmeichelhaft an, aber die niederländische Entsprechung „orkest*bak*", wörtlich übersetzt Orchester*behälter,* ist wohl noch schlimmer und hat für mich ganz und gar nichts Einladendes!) Leute, die noch keinerlei Erfahrung mit dem Besuch von Opern- oder Ballettvorstellungen haben, fragen sich beim ersten Mal am Ende des Abends, wer wohl dieser Kerl sein mag, der da plötzlich auf die Bühne kommt, um seinen Applaus entgegenzunehmen. Ach, der Dirigent! Man kann es ihnen nicht verübeln, denn sie haben den guten Mann ja während des ganzen Abends nicht von vorn gesehen.

Hier hatte mir Marjorie gerade die Haare geschnitten (das tut sie übrigens heute noch!). Ich erinnere mich noch sehr genau an diesen Nachmittag, als sie mit meiner Verschönerung beschäftigt war und dabei dauernd unterbrochen wurde, weil alle paar Minuten das Telefon klingelte. Schließlich reichte es ihr, die Schere immer wieder aus der Hand legen zu müssen, um mit Kunden zu sprechen. Als das Telefon erneut klingelte, nahm sie den Hörer ab und meldete sich etwas schnodderig mit: „Hier Frisörsalon Rieu!" Am anderen Ende der Leitung war ein belgischer Fernsehproduzent...
„Elender Mist, jetzt hast du dir 'ne Chance vermasselt!" schoß es Marjorie durch den Kopf. Es stellte sich jedoch heraus, daß man für ein Sonderprogramm nach einem Ensemble suchte, das kein Berufsorchester sein sollte, d. h. nach Leuten, die einem richtigen(!) Beruf nachgingen und in ihrer Freizeit Musik machten. Da der Herr Rieu also offensichtlich einen Frisörsalon betrieb und daneben ein Salonorchester, war er genau der richtige Mann.
Ach ja, ein bißchen Glück gehört im Leben schon dazu.

Was mich aber an Maths Idee, ein Ballett zu begleiten, am meisten störte, war die Tatsache, daß ich ununterbrochen in einem gemessenen Tempo spielen müßte, ohne jegliches Rubato[8] oder Ritardando[9], denn sonst könnte man ja nicht richtig danach tanzen. Wobei das nun gerade die Dinge sind, die die Musik sowohl für die Musiker als auch für das Publikum spannend machen!

Trotzdem ließ mich seine Frage nicht los, und in den folgenden Wochen spukte die Idee ständig in meinem Kopf herum. Strauß... ja, das war natürlich schon phantastische Musik. Seine Walzer hatte ich immer schon bewundert, und es bedauert, daß wir sie in der Fünferbesetzung des Maastrichter Salonorchesters nie hatten spielen können. Und auch die wienerisch anmutende Verbindung von Romantik und Eleganz paßte gut zu der Vorstellung, die ich von meinem neuen Orchester hatte. Aber dann..., den ganzen Abend Ballett und Gesang zu begleiten..., nein, nein, nein, das brachte ich denn doch nicht übers Herz, dazu war ich viel zu sehr Geiger und Solist.

Ich dachte lange nach und überlegte die Sache immer wieder mit Marjorie. Und allmählich ergab sich aus den verschiedenen Aspekten ein konkretes Bild des Konzerts, wie ich es am liebsten geben würde. Ich ging auf Maths Vorschlag ein, aber nur unter bestimmten Bedingungen. Das hieß unter anderem: keine englische „Strauß-Night" mit vorwiegend Tanz und Gesang, aus dem Graben heraus von einem Ballettorchester begleitet, sondern ein Wiener Abend, der in erster Linie Konzert sein sollte, wobei die Hauptrolle also dem Orchester vorbehalten war. Das Ballett sollte nur eine untergeordnete Rolle spielen.

Eigentlich bin ich überhaupt kein Theatermensch.

Mein Vater war, wie schon erwähnt, Dirigent eines Symphonieorchesters, und dieser Tatsache verdanke ich es, daß ich eine starke Vorliebe für den Konzertsaal entwickelt habe. Dort fühlte ich mich von Kindheit an zu Hause, dort ist die Akustik so, wie ich sie haben möchte, da gibt es weder Vorhänge noch Kulissen, und vor allem herrscht dort die Atmosphäre, die ich mir für meine Konzerte wünsche. Was auf der Konzertbühne geschieht, ist ehrlich; es ist keine Scheinwelt, keine Illusion, die wieder vorbei ist, sobald der Vorhang fällt. Im Gegensatz zum Theater bleibt im Konzertsaal traditionsgemäß das

[8] Rubato: freies Tempo.
[9] Ritardando: langsamer, das Tempo zurücknehmend.

Licht im Zuhörerraum an, so daß ich mein Publikum sehen kann, was für mich unheimlich wichtig ist. Ich möchte die Menschen anschauen und den Ausdruck auf ihren Gesichtern sehen können, möchte sehen, ob sie lachen oder weinen und ob sie die Musik genießen. Nur so habe ich den Kontakt zum Publikum und kann den Funken überspringen lassen. In einem Theater ist das ganz anders; dort gibt es Kulissen, die die Akustik verderben und Seitenbühnen, auf denen ständig alles Mögliche passiert, was die Musiker ablenkt. Und dann gibt es da für mich immer wieder das Problem mit dem geschlossenen Vorhang und dem Licht im Zuhörerraum, das unbedingt ausgemacht werden muß. Schon während all dieser Jahre, in denen ich Konzerte gebe, führe ich einen ständigen Kampf mit Bühnenmeistern und anderen Sachverständigen auf diesem Gebiet: Ich möchte, daß das Licht im Saal brennt und daß es keinen geschlossenen Vorhang gibt, weder vor dem Konzert noch in der Pause noch am Schluß des Konzerts. Diesen Schluß möchte ich nämlich selbst bestimmen können, zusammen mit dem Publikum. Zusammen spürt man, wann das Konzert zu Ende ist, wann es keine Zugabe mehr geben soll, auch wenn die Stimmung noch so schön ist. Ein geschlossener Vorhang hat dann so etwas Definitives und Gebieterisches an sich: Geht nur nach Hause, es kommt nichts mehr, jetzt ist Schluß. Doch dies alles scheint in einem Theater nur schwer durchführbar zu sein; es gibt einen Vorhang, also macht man ihn zu, und es gibt Licht, also macht man es aus! Das ist schon merkwürdig, aber es muß wohl so sein. Meistens endet der Streit mit einem Kompromiß, weil ich natürlich auch Verständnis habe für die Argumente der Leute, die unten im Saal sitzen. Marjorie zum Beispiel, die immer behauptet, daß das nun gerade das Spannende an der ganzen Sache sei: der geschlossene Vorhang, das langsame Verlöschen des Lichts, das Verstummen des Stimmengewirrs und dann der Augenblick, wo der Vorhang aufgeht und der überraschende Effekt dessen, was man zu sehen bekommt. Eine Rolle spielt natürlich auch, daß wir in den Niederlanden mit Konzertsälen nicht gerade gesegnet sind, weshalb ich wohl kaum jemals um Kompromisse herumkommen werde.

Allerlei technische Probleme dieser Art ergaben sich gleich bei der Pro-duktion dieses ersten Wiener Abends. Doch sie bildeten nicht das einzige Hindernis, das es zu überwinden galt, ehe die „englische Strauß-Night" in einen „niederländischen Wiener Abend" umgezaubert worden war.

Das Johann Strauss Orchester

Szenen aus den Veranstaltungen der Jahre zwischen 1991 und 1994.
Ans Humblet und Ton Hofman mit „Schaukle, Liebchen, schaukle" aus
Der Zarewitsch von Franz Lehár und mit „Reich mir die Hand, mein Leben" aus
Mozarts *Don Giovanni*.

Melinda Hughes mit der schalkhaften Arie „Im Salon zur blauen Pagode" aus *Das Land des Lächelns* von Franz Lehár.

Lorenzo Carola und Chris Waltmans mit der berühmten Kavatine des Figaro „Ich bin das Faktotum der schönen Welt" aus *Der Barbier von Sevilla* von Gioacchino Rossini.

Zunächst einmal war da die Tatsache, daß ich nicht einen ganzen Abend lang ausschließlich Strauß spielen wollte. Es gab ja noch so viel andere herrliche Wiener Musik, die es verdiente gespielt zu werden, ja, die nach meinem Gefühl bei einem Wiener Abend auf gar keinen Fall fehlen durfte. Die unsterblichen Operettenmelodien von Kálmán, Lehár und Stolz und die vielen weltbekannten Wiener Lieder wie *Mei Mutterl war a Weanerin, Heut kommen d'Engerln auf Urlaub nach Wien* oder das rührende *Fiakerlied* – das alles mußte, wie ich meinte, seinen Platz in unseren Konzerten finden. Ich war fest davon überzeugt: So etwas mag mein Publikum, das werden die Menschen richtig genießen, und deswegen werden sie kommen. Ich fand diese Musik einfach so großartig, daß ich das Gefühl hatte, ich könnte daraus ein wunderbares Programm zusammenstellen.

Aber da hatte ich doch glatt diesen Engländer vergessen, den Produzenten in London, dessen kluger Kopf die „Strauß-Night" hervorgebracht hatte. Der Mann geriet vollkommen außer sich, als wir - Math Schmeitz, Marjorie und ich - nach London kamen und es wagten, an seinem Programm zu rütteln! „Strauß, Strauß und noch einmal Strauß", hieß seine Devise. „Zehn Stücke vor und zehn Stücke nach der Pause und sonst gar nichts!"

Zum Glück erwies sich Math als guter Kampfgefährte, und zu dritt konnten wir ihn davon überzeugen, daß seine englische „Night" bei meinem Publikum wohl weniger Anklang finden würde. Das heißt nicht, daß man in den Niederlanden Strauß etwa nicht zu schätzen wüßte – nein, aber ich hatte einfach keine Lust, Strauß und immer nur Strauß zu spielen. Ich wußte zudem, daß mir damit auch nicht gelingen würde, was ich vorhatte und was man von mir gewohnt war. Ich wollte den Leuten einfach einen unterhaltsamen Abend bieten, sie mit gelegentlichen Scherzen und humorvollen Einlagen zum Lachen bringen und hin und wieder mit romantischen Melodien rühren, so daß sie am Ende fröhlich und entspannt nach Hause gehen konnten. Um dieses Ziel zu erreichen, ist Abwechslung im Programm unbedingt erforderlich.

Der arme Engländer gab nach, nicht nur in dieser Sache, er mußte es leider bei vielen anderen auch tun. Am schwersten zu verschmerzen war für ihn die Tatsache, daß es in den Niederlanden kein Ballettabend werden sollte. Englisches Ballett, das sei doch bestimmt der Himmel auf Erden!

Es ist vielleicht wichtig, hier kurz darauf hinzuweisen, daß die Engländer auf dem Gebiet des Balletts eine berühmte Tradition haben und die Tänzer allgemeine Verehrung genießen. Es gibt in England tatsächlich die besten Ausbildungsmöglichkeiten, und englisches Ballett ist in der Regel gleichbedeutend mit allerhöchster Qualität. Daher stammte auch die feste Überzeugung des Produzenten, daß die Tänzer auf der Bühne ganz nach vorn gehörten und ich mit meiner „Truppe" möglichst weit nach hinten, am besten noch hinter einem Gazevorhang versteckt, so daß nichts die Aufmerksamkeit vom Ballett ablenken könne.

„Never! Goodbye, Sir, nice to have met you!" Dann eben kein Wiener Abend in den Niederlanden, wenigstens nicht mit mir. Denn wie sollte ich von ganz hinten auf der Bühne Kontakt zu meinem Publikum haben? Man würde mich nicht einmal sehen! Orchester vorn und Tänzer hinten war auch keine Lösung, denn dann würde man vom Ballett allenfalls die Köpfe sehen. Auch nicht gerade aufregend! Ein unüberwindbares Problem also.

Aber nicht für mich. Ich hatte einen grandiosen Einfall (glaubte ich jedenfalls). Ich erwähnte ja bereits, daß ich ganz versessen bin auf alles Technische. In dieser Hinsicht bin ich ein richtiger Freak – laut Marjorie bis ins Absurde – und bin der Meinung, daß mit Hilfe der modernen Technik so ungefähr alles möglich sein sollte. Ich dachte mir deshalb eine „Rollbühne" für das Orchester aus, das heißt eine Bühne auf Rädern, die vorwärts rollte, solange nicht getanzt wurde und rückwärts, sobald das Ballett auftrat. Am liebsten hätte ich in meine Geige noch eine Fernsteuerung einbauen lassen, um die Rollbühne selbst bewegen zu können. (Das soll absurd sein? Kein bißchen!) Die Rollbühne sollte von Theatertechnikern vom Bühnenhintergrund aus mit Hilfe einiger Kabel nach hinten gezogen und mit Stäben vorwärts geschoben werden. Auf diese Weise wäre ich in der Lage, meine Konzerte „wie gewohnt" zu geben, vorn auf der Bühne also, mit Blickkontakt zum Publikum, wobei ich nur ab und zu den Tänzern Platz machen müßte. Dies schien uns allen ein sehr vernünftiger Kompromiß zu sein. (In Wirklichkeit sollte es ganz anders kommen, als ich mir gedacht hatte, aber davon später.)

Alles in allem nahmen die Besprechungen in London drei Tage in Anspruch. Nach vielem Hin und Her wurden wir uns, was Inhalt und Form des Programms anging, im Großen und Ganzen einig, und ich beschloß, den Schritt zu wagen. Es wurde eine niederländisch-englische Koproduktion, bei der ich die Verantwortung für das Programm und das Orchester hatte, während die Sängerin und acht Tänzer von London „geliefert" werden sollten. Unter dem Namen WIEN BLEIBT WIEN sollte das neue Projekt gestartet werden.

ARMUT, KÄLTE
UND DREIVIERTELTAKT

*B*evor Math Schmeitz mit der Idee des Strauß-Abends an mich herangetreten war, hatte ich schon einige Musiker gefunden, die bereit waren, mit mir zusammen etwas Neues zu beginnen und den Sprung ins Ungewisse zu wagen. Denn als solches muß man es wohl bezeichnen. Was konnte ich diesen Leuten denn schon bieten? Doch so gut wie gar nichts! Ich hatte den Wunsch, ein größeres Orchester zu gründen, aber das war eigentlich auch schon alles. Von unserem Programm hatte ich noch keine Ahnung, und Konzerte waren auch noch keine geplant. Ich hatte ihnen aber versichert, daß schon irgend etwas dabei herauskommen würde. Und ich verdankte es letztlich der Popularität des MAAS-TRICHTER SALONORCHESTERS, daß sie es überhaupt wagten, mit mir zusammenzuarbeiten.

Nach meiner Rückkehr aus London konnte ich endlich anfangen, ein konkretes Programm einzustudieren. Über einen Probenraum für dieses größere Ensemble verfügte ich leider nicht – mit dem MAASTRICHTER SALONORCHESTER probten wir meistens bei einem der Mitglieder zu Hause –, und um einen solchen Raum zu mieten, fehlte es mir an Geld. Also war ich auf die freundliche Hilfe meiner Mitmenschen angewiesen.

Weil es gerade auf die Weihnachtsferien zuging, erhielt ich von der Volksschule, in die unsere Kinder gingen, die Erlaubnis, die zwei Wochen dort zu proben. Nur wurde die Schule in den Ferien natürlich nicht geheizt. Kein Malheur, mit ein paar kleinen Heizstrahlern würde ich mir schon zu helfen wissen. Ich konnte ja nicht ahnen, wie kalt diese dunklen Tage gegen Jahresende werden sollten!

Während jener Weihnachtsferien schlidderte ich also jeden Tag um sechs Uhr in der Frühe durch die glatten Straßen zu der Schule, um die elektrischen Heizöfchen einzuschalten, damit der eisige Klassenraum ein wenig angewärmt war, wenn um neun Uhr die Probe anfing. Zudem brachte uns Marjorie in der Pause immer eine heiße Suppe, so daß wir es leidlich aushalten konnten und unsere Finger gerade nicht zu steif zum Spielen waren.

Das galt aber offensichtlich nicht für alle, denn bereits nach der ersten halben Stunde erhob sich einer der Geiger und meinte, er sei doch nicht verrückt und spiele bei einer derartigen Eiseskälte Dreivierteltakt. (Ich weiß nicht, was ihn mehr störte, die Kälte oder der Dreivierteltakt!) Jedenfalls ging er, und mich packte die Angst, daß bald auch alle anderen abhauen würden.

Aber hatte dieser Junge eigentlich nicht ganz recht? Konnte ich denn überhaupt von Menschen verlangen, daß sie sich bedingungslos einsetzten und mindestens ein halbes Jahr lang mit mir probten, um ein Repertoire aufzubauen, wo doch das einzige, was ich ihnen in Aussicht stellen konnte, die Hoffnung auf eine winzige Tournee war, die zudem erst ein ganzes Jahr später stattfinden würde? Denn so weit im voraus planen ja die Theater ihre Programme. Und würde es Marjorie überhaupt gelingen, Konzerte mit diesem neuen Ensemble zu verkaufen, das noch nicht einmal einen Namen hatte? Würde ich denn damit genug Geld verdienen, um den Leuten ihr Honorar zahlen zu können? War nicht das Ganze vielleicht doch eine Schnapsidee...?

Es kam oft genug vor, daß ich den Mut verlor und am liebsten mit alledem wieder aufgehört hätte. Aber den Begriff „Aufgeben“ hatte ich längst aus meinem Wortschatz gestrichen, und ganz tief in mir drin war ich auch fest davon überzeugt, daß diese Schufterei irgendwann zu etwas Brauchbarem führen würde. Also hieß es einfach: Weitermachen! Und keinem nachtrauern, der die Gruppe verließ, denn es trat ja immer wieder ein anderer an seine Stelle. Zum Glück blieb den meisten Musikern ihre Begeisterung erhalten. Was durch die Tatsache bewiesen wird, daß es im Orchester noch heute einen Kern von Leuten gibt, die damals vor neun Jahren mit mir angefangen haben.

Eines der größten Probleme, mit denen ich mich zu jener Zeit auseinanderzusetzen hatte, war der chronische Zeitmangel. Die Auftritte mit dem MAASTRICHTER SALONORCHESTER und mein Posten beim LIMBURGISCHEN SYMPHONIEORCHESTER ließen mir wenig Spielraum für anderes. Die Stelle beim Symphonieorchester bedeutete nämlich, daß ich neben den täglichen Proben am Vormittag im Durchschnitt vier Abende in der Woche besetzt war. Diese Konzertabende waren leider nicht immer lange im voraus bekannt, so daß Marjorie kaum Termine für mein neues Orchester festsetzen konnte, geschweige denn eine mehrwöchige Tournee.

Die beste Lösung war wohl, daß ich meine feste Anstellung beim LIMBURGISCHEN SYMPHONIEORCHESTER aufgab. Aber freiwillig kündigen..., wer macht das heutzutage schon? Da überlegt man doch lieber erst zweimal! Zum Glück ergab sich nach einiger Zeit die Möglichkeit, auf eine halbe Stelle zu wechseln, so daß ich mich wenigstens in zeitlicher Hinsicht ein bißchen freier bewegen konnte. Ich hatte einen sympathischen Kollegen, mit dem ich das erste Pult teilte, und wir konnten uns untereinander abstimmen, wer an welchen Tagen frei hatte.

Diese halbe Stelle bedeutete selbstverständlich auch nur die Hälfte eines ohnehin schon ziemlich mageren Gehalts! Wenn ich als Musiker aber jemals mein Geld freiberuflich verdienen wollte, dann blieb mir einfach nichts anderes übrig, als diesen Schritt zu wagen. Glücklicherweise war Marjorie vollkommen einverstanden, und wir hatten beide das Gefühl, daß wir es mit einiger Mühe schaffen müßten, auch mit der Hälfte des Geldes auszukommen. (Zwei Jahre später, und zwar am Abend vor meinem vierzigsten Geburtstag, sollte ich sogar auch diese halbe Stelle kündigen.)

Heute frage ich mich manchmal, ob ich damals eigentlich ganz bei Trost war, solche Risiken einzugehen! Ich hatte immerhin ein eigenes Haus und eine Familie mit zwei Kindern und war doch für sie und vieles andere verantwortlich. Nicht daß ich meinen Schritt jemals bedauert hätte (ganz im Gegenteil!), aber im Grunde genommen war es schon eine Reise ins Ungewisse. Daß meine kühnen Pläne am Ende zu einem so grandiosen Erfolg führen sollten, konnte ich ja zu jener Zeit noch nicht ahnen. Es hätte auch ganz anders kommen können!

Ich glaube, daß es einfach die riesige Freude an dieser Musik war, die mich vorwärts trieb, das Gefühl, all diese mitreißenden Melodien unbedingt spielen zu müssen, mit denen ich seither so viele Menschen glücklich mache. Es war die gleiche Begeisterung, mit der ich schon als kleiner Junge an etwas Neues herangegangen war. Schon damals konnte eine Idee förmlich Besitz von mir ergreifen, und ich geriet dann völlig in den Bann des Neuen. Plötzlich gab es keine Abmachungen und Pflichten mehr, sondern nur noch diesen einen Plan, diese neue Karre, die ich bauen wollte, oder diesen Entwurf zu einer Drahtseilbahn zwischen unserem Haus und dem des Nachbarn. Ich konnte als Kind von bestimmten Dingen tatsächlich so gefesselt sein, daß ich alles andere vergaß und in eine gänzlich andere Welt hineingeriet.

Irgendwann war ich als kleiner Junge auf dem Weg zur Schule an einer Baustelle vorbeigekommen, wo riesige Bagger arbeiteten. So etwas Gewaltiges hatte ich noch nie gesehen, und vollkommen hingerissen blieb ich stehen und schaute zu. Als plötzlich die anderen Kinder wieder dort vorbeikamen, diesmal in umgekehrter Richtung auf ihrem Heimweg, war ich total erstaunt. Ich hatte den ganzen Vormittag einfach dagestanden, ohne jegliches Zeitgefühl, und die Schule glatt vergessen!

Was für ein Glück, daß ich diese Fähigkeit besitze,
alles um mich herum zu vergessen. Denn sie macht es mir
möglich, Verpflichtungen und den alltäglichen Kram abzuschütteln
und vollkommen in einem Konzert oder in einigen Übungsstunden
aufzugehen. Und was für ein Glück, daß ich eine Frau habe, die diese
Eigenschaft nicht besitzt, denn sonst würde die Sache hier
manchmal ganz schön schiefgehen!

Die Gruppe, mit der ich zu Anfang probte, bestand nur aus zwölf
Leuten, hatte also nach meinem Gefühl noch bei weitem nicht die idea-
le Größe. Aber immerhin war sie schon doppelt so groß wie das Salonorchester, so daß ich auf jeden Fall das musikalische Repertoire erweitern konnte. Ich traute mich auch noch nicht so recht, mehr Musiker zu
verpflichten, denn schließlich mußte ich ja in der Lage sein, sie zu bezahlen! Subventionen irgendwelcher Art bekam ich nicht, weil meine Tätig-
keit nicht als „erneuernd" galt, und für Sponsoren war ich damals nicht
interessant genug.

Nach jenen ersten Probenwochen in der Volksschule, wo außer der
Miete für ein Klavier, den Heizkosten und der heißen Suppe mit Brötchen keine weiteren Investitionen erforderlich gewesen waren, mußte
ich jetzt einen richtigen Probenraum mieten, in dem wir mindestens
einmal pro Woche üben konnten. Das brachte natürlich weitere Unko-
sten mit sich. Es mußten Pressemitteilungen, Plakate und Programm-
hefte gedruckt werden, und ich mußte nach London reisen, um dort das
Programm mit der Choreographin abzustimmen und mit der Sängerin
zu proben. Wir brauchten unsere gesamten Ersparnisse und zusätzlich
eine ganze Menge geliehenes Geld, um das neue Ensemble auf den Weg
zu bringen, wobei immer noch ungewiß war, ob uns das überhaupt gelingen würde.

Aber wir hatten beide unsere Freude an der Sache, das heißt sowohl
an der neuen Herausforderung als auch an der herrlichen Wiener
Musik. Das war für uns das Wichtigste, war das einzige, was wirklich
zählte und was sich weder mit einer festen Anstellung noch mit Geld auf-
wiegen ließ.

Marjorie schaffte es, eine Tournee mit fünfzehn Konzerten in den Niederlanden, in Belgien und in Deutschland für uns zu arrangieren. Inzwischen kommen mir bei dieser Zahl natürlich die Tränen der Rührung.
Wenn ich heute so viele Konzerte in einem einzigen Monat gebe, dann
ist das noch wenig. Aber damals waren wir von dieser Zahl tief beein-

druckt: Zum ersten Mal in meinem Leben ging ich auf eine echte Tournee! Wir waren beide irrsinnig stolz, daß uns so etwas gelungen war.

Nach einigen „Probeläufen" startete endlich am 1. Januar 1988 diese erste Tournee unseres Orchesters. Wir hatten es nach jenem Komponisten, der das Ganze schließlich ins Rollen gebracht hatte, nach diesem größten Meister des Dreivierteltakts JOHANN STRAUSS ORCHESTER genannt.

HÄTTE ICH DOCH BLOSS
EINEN BERUF ERLERNT!

Und wieder waren es spannende Augenblicke – ein neues Orchester, ein neues Repertoire, dazu noch Ballett und Gesang. Zwar hatten wir ausreichend geprobt, das Orchester kannte die Musik aus dem Effeff, und die Generalprobe mit der Sängerin und den Tänzern war gut gelaufen. Aber würde ich das denn überhaupt schaffen, so eine Tournee mit fünfzehn Konzerten? So etwas hatte ich ja noch nie gemacht! Und was, wenn mittendrin die Sängerin ausfiel oder sich einer der Tänzer das Bein brach? Und dann die wichtigste Frage: Wie würde das Publikum reagieren, ja, was für Leute würden überhaupt kommen? Würde es das Publikum des MAASTRICHTER SALONORCHESTERS sein, dem ich längst ein Begriff war und das ich mit meinen Plaudereien immer zum Lachen gebracht hatte? Oder würden jetzt vielleicht ganz andere Leute kommen, fanatische Gesangs- oder Ballettliebhaber etwa, die der Meinung waren, daß das Orchester etwas leiser begleiten und dieser komische Stehgeiger da oben lieber den Mund halten solle?

Das alles machte mich wahnsinnig nervös. Und wie an jedem Abend, wenn ich in den Kulissen stehe und auf meinen Auftritt warte, sagte ich auch vor der Premiere von *WIEN BLEIBT WIEN*: „Hätte ich doch bloß einen Beruf erlernt!"

Diese erste Tournee – fünfzehn Konzerte im Januar 1988, die von den Theatern als „festliches Neujahrskonzert" angekündigt worden waren – ist kaum mit den Konzerten vergleichbar, die ich heute gebe. Wenn ich Fotos aus jener Zeit sehe, bekomme ich regelrecht einen Schreck! Zu zwölft saßen wir auf dem von mir ausgedachten Rollpodest, also während eines großen Teils des Abends hinten auf der Bühne, wo wir für das Publikum kaum zu sehen waren. Das JOHANN STRAUSS ORCHESTER war wie die Musiker bei klassischen Konzerten gekleidet: die Herren im Frack, die Damen im langen schwarzen Kleid. Ehrlich gesagt hatte ich mich um diesen Aspekt nun gar nicht gekümmert, wäre nicht mal auf die Idee gekommen, daß ein festliches Wiener Neujahrskonzert „schon auch etwas fürs Auge bieten sollte", wie hinterher mancher Kritiker mit Recht anmerkte. Ich hatte mich wie beim MAAS-

WIEN BLEIBT WIEN (1988). Wenn man richtig hinschaut, sieht man irgendwo im Dunkeln das JOHANN STRAUSS ORCHESTER und sogar mich!

TRICHTER SALONORCHESTER ganz und gar auf die Musik und auf meine Texte konzentriert.

Bei Konzerten mit dem Salonorchester saßen die fünf Mitglieder im allgemeinen vor einem rot- oder goldfarbigen Vorhang auf der Vorbühne – vier Herren in Schwarz und die Cellistin in glänzendem Abendkleid gleichsam als Blume in ihrer Mitte. Als Dekoration dienten ein oder zwei Palmen, für die das jeweilige Theater sorgte, dazu ein bißchen hübsches Licht, und das war es dann auch schon – schlicht, aber ganz nett. Ich hatte den Äußerlichkeiten immer ganz bewußt nicht allzuviel Wert beigemessen. Das würde nur von der Musik ablenken, glaubte ich. Und die entsprechende Atmosphäre schufen wir einfach selbst, mit schöner Musik und mit meinen Plaudereien.

Unter einem „festlichen Wiener Neujahrskonzert", wie es von der Presse und in den Programmheften angekündigt worden war, stellte man sich jedoch offensichtlich etwas ganz anderes vor. Darüber hatten wir, wie gesagt, gar nicht groß nachgedacht. Und selbst wenn wir es getan hätten, wäre sowieso kein Geld dagewesen, auch nur das Geringste anzuschaffen.

146

Auf die Frage der technischen Abteilung der Theater, welche Farbe die Seitenschenkel und die Proszeniumsdecke[10] haben sollten, hatte ich geantwortet: „Am besten Schwarz." (Ich hatte keine Ahnung, wovon sie redeten!) Und was ich auch nicht ahnen konnte, war, daß der Hintergrund ebenfalls schwarz sein würde, daß die Tänzer lila-schwarze Kostüme aus England mitbrachten und die Sängerin ein dunkelblaues, von schwarz kaum zu unterscheidendes Kleid trug!

Als sich am 1. Januar 1988 der Vorhang hob, glich das Bild, das sich dem Publikum bot, dann auch tatsächlich eher einer Trauerhalle als einem festlichen Wiener Saal! Marjorie erzählte mir später, daß ein Bekannter, der in der Reihe vor ihr saß, sie ironisch gefragt habe, welches Kloster ich denn für dieses Konzert geplündert hätte. Ich war natürlich nicht dabei, aber ich weiß, daß sie solche Fragen in der Regel mit einem lakonischen Schulterzucken und einem „Warte-nur-ab"-Blick beantwortet.

Und sie hatte recht! (Frauen haben immer recht.) Die trübe Inszenierung störte das Publikum nicht im geringsten. Dank der herrlichen Musik, der Begeisterung der Musiker und der Tänzer, und der heiteren Ausstrahlung, die schon damals vom Orchester ausging, herrschte bei der Premiere eine ausgelassene und festliche Stimmung.

———————

Diese Freude am gemeinsamen Musizieren halte
ich für das Allerwichtigste. Die Leute im Saal gehen
begeistert mit, wenn sie sehen, wie sehr ein Orchester sich bemüht,
perfekt zusammenzuspielen. Die Musiker achten auf ihre Mitspieler
und auf den Dirigenten, sie wissen, wo die schwierigen Stellen sind
und setzen alles daran, bis in die kleinsten Finessen hinein makellos
miteinander zu harmonieren. Als Musiker empfindet man immer
wieder aufs neue eine tiefe Freude, wenn dies gelingt. Das ist einfach
phantastisch! Und diese Freude strahlt man auch aus, sie springt aufs
Publikum über. Abgesehen von gediegenen Fachkenntnissen und der
Bereitschaft zu einer perfekten Ensembleleistung verlange ich
von den Musikern, die ich einstelle, daß sie gerade an dieser Art von
Musik Spaß haben. Die Zuhörer spüren es nämlich sofort,
wenn einer dasitzt, der nicht mit dem Herzen bei der Sache ist.
Das muß er aber sein, und Musiker, die in meinem Orchester
mitspielen möchten und zum Vorspielen kommen, müssen diese
Bedingung absolut erfüllen. Sie können noch so geniale

[10] Wichtige Bühnenteile.

Instrumentalisten sein und geradezu himmlisch spielen, aber wenn sie „meine" Musik nicht mögen, dann stelle ich sie gar nicht erst ein. Die Musik von Komponisten wie Strauß, Lehár, Stolz und Offenbach ist einfach großartig! Sie steckt so voller Lebenslust und Temperament, daß sie es nicht verdient, ohne Freude gespielt zu werden. Und weil ich darauf so unnachgiebig bestehe, herrscht im Orchester immer eine wunderbare Stimmung.

Genau diese Stimmung war es, die die Premiere von WIEN BLEIBT WIEN zu einem Riesenerfolg werden ließ. Der stürmische Beifall am Ende und die Forderung nach Zugaben machten deutlich, daß die Zuhörer die schwarze Umrahmung vollkommen vergessen und den Abend in vollen Zügen genossen hatten.

Auch die anderen Konzerte dieser ersten Tournee verliefen sehr erfolgreich. Die Säle waren praktisch immer ausverkauft, das Publikum war genauso begeistert wie beim Salonorchester, und sogar die Kritiken waren (von einigen berechtigten Hinweisen auf das Fehlen eines geeigneten Ambientes abgesehen) sehr positiv.

Alle Theater, in denen wir WIEN BLEIBT WIEN aufführten, engagierten uns sofort für die nächste Saison oder sogar gleich für mehrere. Außerdem kamen jedes Jahr ein paar neue Theater und Konzertsäle hinzu, so daß die Tournee allmählich immer ausgedehnter wurde und wir heute regelmäßig in bis zu etwa fünfzig Sälen in den Niederlanden und in Belgien auftreten.

Die Zusammenarbeit mit dem Ballett, die uns ja vorher solches Kopfzerbrechen gemacht hatte, gestaltete sich eigentlich recht lustig. Die acht Tänzer und Tänzerinnen waren unheimlich nette Leute, denen wir – zum JOHANN STRAUSS ORCHESTER passend - den Namen THE LONDON STRAUSS DANCERS gegeben hatten. Sie tanzten hervorragend, und meine freien Tempi bereiteten ihnen nicht die geringsten Schwierigkeiten.

Das einzige echte Problem bei dieser ersten Tournee war meine bereits erwähnte technische Erfindung, nämlich das Rollpodest. Damit ich nicht den ganzen Abend mit meinem Orchester hinten auf der Bühne bleiben mußte, hatte ich mir ja ausgedacht, daß wir auf einem Podest mit Rollen sitzen sollten, das von den Theatertechnikern mit Hilfe eiserner Stäbe und Kabel „unsichtbar" nach vorn geschoben und zurückgezogen werden konnte. Vor Beginn der Tournee waren sich alle darin einig gewesen, daß eine derartige Vorrichtung gar keine so schlechte Idee sei.

Aber in der Praxis erwies sich diese tolle Idee als ein einziges Elend!

Bei keinem unserer fünfzehn Konzerte funktionierte dieses Mistding von Rollpodest so, wie wir es uns gedacht hatten. Die Räder blockierten und drehten sich zur Seite wie bei Einkaufswagen, die niemals in die Richtung fahren wollen, in die man selber möchte. Das Podest bewegte sich nach allen Seiten, nur nicht nach der richtigen. Manchmal nur vorwärts – dafür dann aber gleich mit voller Geschwindigkeit, so daß wir mit unserem „Roller" fast abgestürzt und im Saal gelandet wären.

Am allerschlimmsten ging es bei dem Konzert im Stadttheater in Roermond zu. Die Vorstellung war in vollem Gange, ich hatte einen guten Kontakt zum Saal, und die Musik machte dem Publikum sichtlich Vergnügen. Ich kündigte die wunderschöne Polka Mazurka *Fata Morgana* von Johann Strauß an und erklärte den Leuten, was eine „Fata Morgana" ist: etwas, was man deutlich sieht, was es aber in Wirklichkeit nicht gibt. Mein Schlußsatz: „Meine Damen und Herren, was Sie jetzt zu sehen bekommen... Sie werden Ihren Augen nicht trauen. Ihren Applaus für THE LONDON STRAUSS DANCERS!" war für die Technik das vereinbarte Zeichen, das Rollpodest zurückzuziehen, damit das Ballett Platz bekam.

Im Saal wurde begeistert applaudiert, aber nichts geschah. Mein Rollpodest blieb stehen, wo es stand, und dachte gar nicht daran, sich von der Stelle zu rühren, weder zurück noch nach vorn, weder nach links noch nach rechts; die Räder blockierten perfekt... Es herrschte eine tödliche Stille, sowohl auf der Bühne als auch im Saal... Ich machte noch schnell einen etwas krampfhaften Witz über eine „Fata Morgana", aber kaum einer lachte, und die Situation wurde äußerst peinlich. Einige Bühnenarbeiter kamen angerannt, um die Räder mit der Hand in die richtige Stellung zu bringen, was jedoch nicht gelang. Und so blieb den Orchestermitgliedern nichts anderes übrig, als ihre Instrumente zu nehmen, von dem Roll- oder besser: Stehpodest herunterzuklettern und geduldig an der Seite zu warten, bis die Arbeiter unter Aufbietung aller Kräfte das Ding nach hinten geschoben hatten. Wie man sich in solchen Augenblicken als Künstler auf der Bühne fühlt, ist unbeschreiblich!

Als alles überstanden war und ich gerade erneut den Einsatz zur *Fata Morgana* geben wollte, brach das Publikum in tosenden Beifall aus. Alle klatschten wie wild, bis auf eine Zuhörerin, Marjorie, die offensichtlich dort unten im Saal im Erdboden versunken war.

Den Rest des Abends verbrachten wir, das heißt mein Orchester und ich, in geziemender Bescheidenheit im Hintergrund und überließen dem Ballett die Bühne und damit alle Ehre. Mit Recht, ich verdiente es nicht besser. Technik ist schön, aber unzuverlässig.

Es ist nicht alles Gold, was glänzt

Trotz des großen Erfolgs der ersten Tournee war mir klar, daß vieles an *WIEN BLEIBT WIEN* geändert werden mußte. In erster Linie wollte ich das Orchester gern um einige Musiker erweitern, um den Klang noch zu verbessern. Und da für die nächste Saison bereits ein paar Konzerte mehr verkauft worden waren, wagte ich es, dieses Risiko einzugehen. Weiter sollte unbedingt etwas an dem dunklen Bühnenbild verändert werden. Von dem bißchen Geld, das wir mit der Tournee verdient hatten, ließen wir eine weiße Orchesterbühne anfertigen. Ohne Räder, versteht sich! Und Marjorie und ich machten uns auf die Suche nach eleganten, „goldenen" Stühlen, die gut zu dieser weißen Bühne passen würden. Wir hatten eine ganz bestimmte Vorstellung, aber es stellte sich heraus, daß das, was uns vorschwebte, nur in sündhaft teuren Läden für Designmöbel zu bekommen war. Das war also nicht ganz das Richtige, denn eigentlich waren nach Anschaffung der Bühne die zur Verfügung stehenden Mittel schon wieder erschöpft. Nach wochenlangen Streifzügen durch alle möglichen Möbel- und Antiquitätengeschäfte der näheren und weiteren Umgebung (ich habe es ja schon öfter angedeutet: Wenn ich mir „Gold" in den Kopf gesetzt habe, dann möchte ich „Gold" und nichts anderes!), fanden wir schließlich die gesuchten todschicken Stühle in einer SB-Möbelhalle in Aachen. Der Preis? DM 27,50 pro Stück abzüglich einer Mark Rabatt wegen der großen Anzahl.

Überglücklich waren wir über unseren Erwerb! Zwar war das „Gold" mit häßlichem dunkelbraunem Cord bezogen, aber dagegen ließ sich sicher noch etwas unternehmen. „Selbstbedienung" hieß natürlich auch, daß wir einige Male zwischen Aachen und Maastricht hin- und herfahren mußten, aber am Ende stand dann doch alles bei uns zu Hause.

Ja genau, bei uns zu Hause. Fünfzehn Stühle für mein Orchester im Wohnzimmer... Es sah fast so aus, als wollten wir eine Party geben, aber dazu hätte das Geld nun wirklich nicht mehr gereicht! Auch die Orchesterbühne, die ein Lkw hübsch vor der Haustür abgeladen hatte, konnten wir nicht recht unterbringen. Doch wie immer hatte ich ein bißchen Glück, und ein Freund vermietete uns für einen Pappenstiel eine leerstehende Garage.

Für den Bezug der Stuhlpolster fanden wir auf dem Markt(!) einen Rest wunderbaren Damast. (Nun ja, der Stoff sah wenigstens so aus.) Marjorie schnitt kleine Stoffkreise aus, und ich nagelte diese mit einem Tacker auf den fünfzehn Stuhlsitzen fest. Von weitem sahen meine „goldenen" Stühle einfach fabelhaft aus, und kein Mensch würde merken, daß wir sie eigenhändig mit einem auf dem Markt erstandenen Reststoff bezogen hatten.

Für die Damen des Orchesters mieteten wir bunte Abendkleider, die LONDON STRAUSS DANCERS bekamen den Auftrag, ebenfalls in etwas helleren Kostümen zu erscheinen – und siehe da: Bei der zweiten Tournee hatte sich das dunkle Nonnenkloster in eine romantische Bonbonniere verwandelt.

Seitdem habe ich ständig an unserer Darbietung gefeilt und habe praktisch den gesamten Gewinn immer wieder in das JOHANN STRAUSS ORCHESTER investiert, weil ich fest davon überzeugt war, mit meinen Konzerten irgendwann den internationalen Durchbruch zu schaffen. Jahr für Jahr vergrößerte ich das Orchester um ein oder zwei Musiker, und nach und nach schaffte ich alles an, was mir für einen optimalen Verlauf unserer Wiener Abende erforderlich zu sein schien. Ich ließ eine eigene Dekoration, eigene Kostüme und spezielle Pulte entwerfen, kaufte eine irrsinnig teure Beschallungsanlage und einen gebrauchten Lkw, mietete einen Bus für das Orchester und ein großes Lager, und mußte vor allem langsam, aber stetig die Belegschaft meines Unternehmens vergrößern. Denn auf die Dauer war es natürlich nicht möglich, zusätzlich zu der vielen Arbeit selbst auf die Suche nach goldenen Stühlen zu gehen oder Stoffreste einzukaufen, auch wenn uns beiden so etwas großen Spaß machte. Genausowenig schaffte Marjorie die gesamte Verwaltungs- und Organisationsarbeit auf Dauer allein.

Zwischen jener ersten Tournee mit dem JOHANN STRAUSS ORCHESTER und der „Show", wie wir sie heute veranstalten, liegen viele Jahre intensiver Arbeit und manchmal wirklich harter Kämpfe. Ich mußte darum kämpfen, die Vorstellung so bringen zu dürfen, wie *ich* es wollte, kämpfte bei vielen Theatern um einen Platz im Programm und hatte mich mit Agenten, Produzenten und Schallplattengesellschaften auseinanderzusetzen. Und schließlich und endlich blieb mir die Erkenntnis nicht erspart, daß auf dieser Erde bedauerlicherweise nicht nur wohlwollende Menschen herumlaufen. Davon war ich als leichtgläubiger Künstler leider nur allzulange überzeugt gewesen. Zum Glück war Marjorie immer dabei, die auf Grund ihrer Herkunft schon öfter mit dem Treiben der „Geschäftemacher" konfrontiert worden war und deshalb in dieser Hinsicht etwas vorsichtiger ist als ich. Sie konnte mich in den meisten Fällen davor bewahren, allzu naiv an die goldenen Berge zu glauben, die man mir versprach.

Trotzdem tappten wir in die eine oder andere Falle hinein, und dann stand uns manchmal das Wasser tatsächlich bis zum Hals. Die Angst vor dem endgültigen Ruin peinigte uns oft wochenlang und bereitete uns manch schlaflose Nacht.

„Ihren Applaus, meine Damen und Herren, für Ruxandra Voda! Sie sang die Arie *Ich bin die Christl von der Post* aus der Operette *Der Vogelhändler* von Carl Zeller.
Dieser Carl Zeller, ein Zeitgenosse von Johann Strauß, war ein besonders kluger Mann. Als Junge, also als er noch so ein kleines ‚Zellerchen' war, gehörte er zu den Wiener Sängerknaben. Später studierte er Jura und Musik, und auf beiden Gebieten erreichte er sehr viel. Als Jurist brachte er es sogar zum österreichischen Kultusminister, und gleichzeitig war er ein angesehener Walzer- und Operettenkomponist.
Aber was ist daran eigentlich so ungewöhnlich? Unsere Minister haben doch auch alle ihre Nebenbeschäftigungen. Manche komponieren sogar, wußten Sie das? Ja, das ist mein voller Ernst! Unser Minister für Unterricht und Wissenschaften zum Beispiel, der Herr Ritzen..., der ist nicht nur Minister. Nein, er ist auch Komponist. Er hat vor kurzer Zeit sogar eine Operette komponiert: *Der Bettelstudent.*"

Inzwischen sind acht Jahre vergangen, und ich bin zum Glück etwas klüger geworden. Außerdem kann ich mir den Luxus leisten, mich mit fähigen Beratern zu umgeben, die in geschäftlicher Hinsicht über mehr Erfahrung und Wissen verfügen als Marjorie und ich. Aber damals ging manches wirklich total schief. Nicht nur wurden wir gelegentlich trotz unserer Vorsicht ordentlich aufs Kreuz gelegt – davon war ich übrigens jedes Mal wie erschlagen, ich konnte einfach nicht glauben, daß Menschen so etwas in voller Absicht taten –, einmal hatte ich auch selbst Schuld, weil ich einfach zuviel investiert hatte. Obwohl ich wußte, daß sie eigentlich unsere Möglichkeiten überstieg, hatte ich dennoch diese wahnsinnig teure Beschallungsanlage angeschafft, aus dem einfachen Grund, daß ich unbedingt den bestmöglichen Klang haben wollte. Aber damit war ich nun wirklich zu weit gegangen. Das zeigte sich vor allem daran, daß mir die Bank kein Geld mehr leihen wollte, ja uns eines Tages sogar ihre Forderungen präsentierte. Wenn wir unser Konto noch weiter überziehen würden, dann hätte die Bank das Recht, unsere gesamte Habe pfänden zu lassen, das heißt alles, von der Büroausstattung bis hin zu unserem lebenden Inventar in Gestalt der armen Zebrafinken in meiner Voliere!

Darüber erschrak ich damals enorm, aber so weit ist es dann Gott sei Dank doch nicht gekommen. Vielleicht lag es daran, daß ich ein Sonntagskind bin und immer im richtigen Moment dem richtigen Menschen begegne, der mir wieder aus der Klemme hilft.

So habe ich zum Beispiel meinem Buchhalter Bob Rutten sehr viel zu verdanken, einem großartigen Menschen mit einem Herzen *und* einer Stimme aus Gold. Praktisch jeden Sommerurlaub verbrachte er singend in Italien, und eigentlich wäre er viel lieber Opernsänger als Buchhalter geworden. Aus Liebe zur Musik hat er sich jahrelang mit Leib und Seele für mein Unternehmen eingesetzt und mich immer wieder aus allzu raffgierigen Klauen gerettet. Leider ist er vor kurzem gestorben, aber bis an sein Lebensende hat er sich trotz seiner schweren Krankheit über meinen Erfolg gefreut und darüber, daß sich mein Unternehmen über Wasser halten konnte – was nicht zuletzt auch sein Verdienst war.

DAS BAUCHWEH
EINER EHEFRAU UND
MANAGERIN

*E*ine Probevorstellung und eine Premiere aus der Sicht Marjories.
Beginn der neunziger Jahre.

„Dreißig Minuten vor Anfang!" Es ist die Stimme des Inspizienten Pierre
Druif, die über die Sprechanlage kommt und überall hinter der Bühne zu hören
ist. Für einen Augenblick verstummen alle Geräusche. Fast jeder wirft einen
flüchtigen Blick auf die Uhr.

Die erste Probevorstellung eines neuen Programms mit dem JOHANN
STRAUSS ORCHESTER *steht bevor, und wir sind alle nervös. Ich selbst wohl*
am meisten, obwohl ich an diesem Abend im Gegensatz zu allen anderen
nichts mehr groß zu tun habe. Ich muß weder spielen noch singen, ich brauche
weder das Licht noch die Beschallung zu bedienen, sondern habe nur
zuzuhören und hinzusehen. Aber vielleicht ist gerade das der Grund. Wenn ich
nämlich nachher unten im Saal sitze, kann ich ja nichts anderes mehr tun als
aufmerksam beobachten, ob die Vorstellung gut läuft. Und wenn nicht, sitze
ich mit schweißnassen Händen und Magenkrämpfen da und bin vollkommen
machtlos! In meiner pessimistischen Phantasie male ich mir aus, was nachher
alles schiefgehen wird und wie ich nichts werde tun können. Es ist verrückt,
so zu denken - ich weiß es -, denn alles ist wieder und wieder geprobt wor-
den, und alles sitzt. Eigentlich geht selten etwas daneben. Aber diese Nervosität
gehört wohl ein bißchen zum Fach, und ich habe sie mir in all diesen Jahren
nicht abgewöhnen können.

Während dieser letzten halben Stunde herrscht in den Fluren hinter der
Bühne reger Betrieb und viel Lärm. Die Musiker des Orchesters spielen sich ein
oder stimmen ihre Instrumente. Alle, Streicher und Bläser, spielen durcheinan-
der und machen einen Höllenkrach. Eine Geigerin jammert laut, daß ihr ein
Notenblatt fehlt, und ich bemühe mich, bei der Suche zu helfen. Jemand anders
übt, laut zählend, in einem kleinen Korridor noch schnell ein paar Tanzschrit-

te, und ich kann mit knapper Not einem durch die Luft sausenden Bein aus-
weichen.

Alles übertönend erklingen aus den Sängergarderoben Vokalisen[11] und
schwierige Stellen aus den Arien, die nachher gesungen werden sollen. Techni-
ker laufen mit Mikrophonen und Sendern herum und geben laut die letzten
Anweisungen. Irgendwo fällt dröhnend ein Stück der Bühnendekoration um -
zum Glück jetzt und nicht während der Vorstellung! Es wird schnell wieder auf-
gestellt und sicherheitshalber besonders sorgfältig befestigt. Die Näherin muß im
letzten Augenblick ein Kleid, das gestern noch wie angegossen saß, aber heute
auf einmal nicht mehr, mit ein paar „unsichtbaren" Sicherheitsnadeln enger
machen. Sie redet mit den Nadeln zwischen den Lippen und versucht den Man-
gel an Deutlichkeit durch Erhöhung der Lautstärke auszugleichen.

Inmitten dieses ganzen Tohuwabohus geht André - wie vor jedem neuen
Programm - rastlos und schweigend in den Fluren auf und ab. Von seiner Gar-
derobe bis zur Bühne und wieder zurück. Er spricht mit niemandem, sondern
konzentriert sich ganz auf seine Texte und geht im Kopf das gesamte Programm
bis zur Pause noch einmal durch. Er läuft auf und ab, pausenlos; ich könnte
den schnalzenden Klang seiner Ledersohlen aus tausend anderen heraushören.
Ich glaube, er legt vor einer solchen Probevorstellung mehrere Kilometer zurück!
Alle wissen, daß man ihm in diesen letzten Minuten besser fernbleibt, ihn vor
allem nicht anspricht. Ich bin die einzige, die jetzt noch zu ihm in die Garde-
robe kommen darf, aber auch ich halte den Mund, um ihn nicht abzulenken.

Als der Bühnenmeister das Zeichen „Zehn Minuten vor Anfang!" gibt, bege-
ben sich André und das Orchester auf die Bühne. Dabei wird viel gelacht, das
hilft gegen das Lampenfieber. Ich sehe, wie einer der „Jungs" aus dem Orchester
heimlich mit einer Rolle Klebeband herumläuft und weiß, was das zu bedeuten
hat. Sie machen sich manchmal einen Jux daraus, kurz vor Beginn des Konzerts
die Frackschöße eines Kollegen - vom Opfer natürlich unbemerkt - am Stuhl
festzukleben. Wenn André das Orchester dann während des Konzerts auffordert,
sich zu erheben, fällt zur großen Freude des „Täters" irgendwo ein Stuhl um.
Wenn André das mitbekommt, ist er wütend!

Ich verziehe mich fast geräuschlos in Richtung Saal. Nur ein Augenzwinkern
zum Abschied, denn zu mehr ist André im Moment nicht aufgelegt. Ich hüte
mich, ihm oder sonst irgend jemandem viel Erfolg zu wünschen, denn das soll
ja in der abergläubischen Theaterwelt Unglück bringen.

Die bevorstehende Probevorstellung findet nicht in einem Theater statt, son-
dern es ist eine private Aufführung im schönen Konzertsaal eines Betriebes, in
dem wir monatelang an den Wochenenden haben proben dürfen. Als Gegen-

---

[11] Vokalise: Gesangsübung, sozusagen ein „Warming-up" für die Stimme. Schädliche
Nebenwirkung: Dieses Gesinge geht André ganz gewaltig auf den Geist!

leistung geben wir jetzt für die Arbeitnehmer und ihre Partner dieses Konzert.

Glücklicherweise muß ich die kommenden, nervenaufreibenden Stunden nicht allein durchstehen. Im Flur wartet schon unsere Produktionsleiterin Nicole auf mich, und drinnen im Konzertsaal treffe ich die Tanzlehrerin Rosi, mit der ich befreundet bin. Zusammen haben wir mit den Sängern, die an diesem Abend auftreten werden, und mit André einige Tänze einstudiert. André soll später - zum ersten Mal bei einer Vorstellung - mit der Sängerin tanzen. (Das wird mich wahrscheinlich die meisten Nerven kosten!) Und schließlich ist da auch noch Marian, die für alle Kostüme und Requisiten verantwortlich ist. Wir alle werden uns gemeinsam das Ganze kritisch ansehen, denn so eine Probevorstellung findet ja nicht zum Spaß statt!

Unser System hat sich seit Jahren bewährt. Das Publikum weiß, daß es sich um eine Probevorstellung handelt und hat sich daran gewöhnt, daß wir hinten im Saal an einem Tisch sitzen und uns Notizen machen. Manche Leute erkennen uns vom letzten Mal wieder und nicken uns freundlich zu, bevor sie sich an ihren Platz begeben. Ein paar begeisterte Fans kommen sogar zu uns und fordern uns auf, nicht zu streng zu sein. In ihren Augen kann André natürlich nicht das Geringste falsch machen! Ich höre, wie ein Mann seiner Frau zuflüstert: „Der arme Junge." Ich erzähle es Rosi, und sie lacht - sie weiß eben, daß André alles andere als bedauernswert ist.

„Wie geht's?" fragt Nicole interessiert. Ich habe gerade noch Gelegenheit, ihr mit einem Seufzer und einer Hand auf dem Magen klarzumachen, daß dort meine Nerven schrecklich herumtoben, da wird das Licht im Saal schon gedämpft. Der Vorhang geht auf, und das Publikum stößt angesichts des prächtigen Anblicks ein leises „Aaah!" aus. Unter großem Beifall betritt André die Bühne, verbeugt sich und gibt den Einsatz zum „Frühlingsstimmenwalzer". Ob er jetzt noch nervös ist, weiß ich nicht. Man kann es ihm jedenfalls nicht ansehen, nicht einmal ich. Auch das Orchester hat im Lauf der Zeit gelernt, mit dieser Spannung umzugehen. Der erste Walzer läuft ohne Probleme, das macht für den Rest des Abends Mut.

Pierre Druif hat eine neue, sehr raffinierte Dekoration entworfen, die ein wenig an einen venezianischen Dogenpalast erinnert. Bei einer anderen Beleuchtung sieht sie eher wie eine Brücke aus. Das wird sich später noch als sehr nützlich erweisen. Ich habe das Bühnenbild natürlich vorher schon gesehen, aber hier auf der Bühne und in dem schönen Licht kommt es noch viel besser zur Geltung.

Trotzdem gibt es ein paar Kleinigkeiten, die ich notiere. Hier fehlt irgendwie ein Kopfschmuck, dort sitzen zwei Kleider nebeneinander, deren Farben sich beißen. Ich sehe einen Hals, der ohne Schmuck ein bißchen nackt wirkt, ein Rock ist zu kurz, und diese braunen Schuhe passen nicht zu dem hellen Kleid. Ich unterbreche kurz meine Schreiberei, um dem ersten Text zuzuhören. André spricht zu schnell. Oder ich denke zu langsam, auch das ist möglich! In *beiden Fällen liegt es an der Spannung. Zum Glück lacht das Publikum, offensichtlich ist es niemandem aufgefallen.*

Es folgen noch ein paar Instrumentalstücke, die alle sehr fröhlich klingen und die das Publikum schätzt. Jedenfalls sieht man es den Leuten deutlich an, daß sie die Musik genießen und sich amüsieren. Dann kündigt André die Sopranistin Ans Humblet an, die Puccinis wunderschöne Arie „Oh mio babbino caro“[12] singen wird.

André erzählt kurz den Inhalt: Ein Mädchen fleht ihren Vater an, er möge ihr doch die Heirat mit dem Geliebten gestatten. Sie droht damit, sich vom Ponte Vecchio zu stürzen, wenn er ihr noch länger die Zustimmung verweigert.

„Meine Damen und Herren, wenn Sie Ans diese Arie singen hören, dann wissen Sie, daß jedes Vaterherz schmelzen muß!“ Ich sehe die Herren im Saal schmunzeln.

Ans singt die rührende Arie wirklich großartig, die Musik ist wie für sie geschrieben. Nach einem langen, herzlichen Applaus bittet André sie, noch einen Augenblick auf der Bühne zu bleiben. Er berichtet nun, daß die Geschichte, die sie soeben gesungen hat, in ihrem Leben tatsächlich passiert ist. (Das Publikum lacht; es ist klar, daß man ihm nicht glaubt.) „Auch Ans durfte ihren Freund nicht heiraten, aber als sie drohte, sich von der Alten Brücke in Maastricht zu stürzen, willigte ihr Vater schließlich in die Heirat ein. Er ist übrigens hier heute abend, der heißgeliebte Ehemann! Es ist kein Geringerer als unser Pianist Jo Huijts!“

Jo kommt nach vorn und schließt Ans in die Arme. Das Publikum ist beim Anblick des großgewachsenen Jo und seiner zierlichen Ans ganz gerührt und applaudiert begeistert. Die beiden küssen sich und scheinen für kurze Zeit zu vergessen, daß sie auf der Bühne stehen. André holt sie mit einem lauten Räuspern in die Wirklichkeit zurück, und sie bekommen nochmals herzlichen Beifall.

Als André und ich diesen Text schrieben und wir uns die Szene ausdachten, haben wir uns selbstverständlich gefragt, ob man so etwas überhaupt machen könne. Wir hatten Angst, daß es vielleicht doch ein bißchen zu weit gehen, zu persönlich und allzu romantisch ausfallen würde und damit die Gefahr eines Umschlagens ins Kitschige gegeben sein könnte.

Aber die Szene wirkt doch sehr nett und spontan, und die Menschen finden sie offensichtlich entzückend. Was für ein Glück! Ich bin ganz schön erleichtert. Ich sehe, wie die anderen neben mir fleißig schreiben und bin gespannt, was sie dazu zu sagen haben werden.

Das Konzert geht weiter, und bis auf ein paar Kleinigkeiten verläuft alles wunschgemäß. Allmählich werde ich etwas ruhiger - bis wir zu dem Finale vor der Pause kommen, wo Ans zusammen mit dem Tenor Ton Hofman das bekannte Duett „Komm mit nach Varasdin“ singen und tanzen wird. Rosi und

---

[12] Väterchen, ach teures!

ich sehen uns an: O je, jetzt kommt's! Beide Sänger verfügen im Operettenfach über große Erfahrung, sie singen und spielen höchst eindrucksvoll. Ans ist außerdem eine talentierte Tänzerin, darüber brauchen wir uns also keine Sorgen zu machen. Für Ton jedoch war das Einüben dieses temperamentvollen Foxtrotts, der mit einem virtuosen Radschlag (!) beider Sänger enden soll, eine ziemliche Strapaze gewesen. Nach endlosen Bemühungen seiner- und unsererseits hatte er den Radschlag bei den Proben geschafft, aber jetzt sehe ich dem Ende des Tanzes doch voller Spannung entgegen.

Ans nimmt einen Anlauf zum Radschlag und dreht sich schnell und federleicht über die Bühne. Aber Ton vergißt den Anlauf, versucht das Versäumte mit zwei unbeholfenen Schritten nachzuholen und schlägt dann ein Rad, das völlig danebengeht. Das eine Bein kommt nur knapp vom Boden hoch, das andere überhaupt nicht. Das Ganze ist kein geschlagenes Rad, sondern hat eher etwas von dem ungeschickten Herumgehüpfe eines jungen Hundes an sich. Ich erstarre vor Schreck, aber das Publikum lacht laut auf. Ton nimmt mit strahlendem Lächeln und größtem Charme den Applaus entgegen, als wäre ihm soeben ein äußerst schwieriger Trapezakt gelungen! Er hat mit seinem mißratenen Radschlag einen derartigen Erfolg, daß ich mir sogar überlege, ob diese Szene vielleicht so bleiben soll.

In der Pause eile ich zu André, um ihm zu sagen, daß das Programm gut ankommt. Er merkt natürlich schon, daß es ein gelungenes Konzert ist, doch er hört es trotzdem gern von jemandem, der unten im Saal sitzt. Wir sprechen aber auch jetzt nicht lange miteinander, denn er möchte die Texte des zweiten Teils noch einmal durchgehen. Also bringe ich ihm nur noch etwas zu Trinken in die Garderobe und lasse ihn dann in Ruhe. Die Garderobiere Annie bleibt bei ihm und hilft beim Umziehen. André muß sich im späteren Verlauf des Konzerts hinter der Bühne als Zigeuner verkleiden. Dazu hat er genau fünfundvierzig Sekunden Zeit, weshalb er schon jetzt einen Teil des Kostüms unter seinen Frack anzieht.

Ton wird in der Pause von den Musikern wegen seiner „Zirkusnummer" aufgezogen, aber er versteht Spaß und hat selbst den allergrößten an der Geschichte. Wir sind uns darüber einig, daß wir seinen „Radschlag" in der gezeigten unvollkommenen Form im Programm behalten sollen.

Das Orchester bestürmt mich mit Fragen: „Wie klingt es?" - „Kann man mich überhaupt hören?" - „Nach meinem Gefühl ist der Baß zu schwach, ist dir das nicht aufgefallen?" - „Wie sieht mein Kleid in dem grellen Licht aus?" - „Ich habe irgendwo eine falsche Note gespielt, hast du das gemerkt?" Ich kann die Fragesteller beruhigen - alles klingt gut und sieht auch prima aus.

Es bleibt keine Zeit mehr, um noch etwas zu trinken, denn es klingelt schon, und ich eile in den Saal zurück.

Die dritte Nummer des zweiten Teils ist der gefürchtete Zigeunertanz von

„Es waren einmal ein König und eine Königin..."

André und Ans. Als es soweit ist, wird mir wieder ganz mulmig. Das Orchester spielt ein feuriges Zigeunerstück, ohne André, denn der ist jetzt – wenn alles planmäßig verläuft – hinter der Bühne dabei, sich blitzschnell umzuziehen. Ob er es in den fünfundvierzig Sekunden schaffen wird? Mein Herz schlägt mir bis zum Hals. Aber es klappt! Genau im richtigen Moment tanzt er auf die Bühne. Er sieht in seinem glänzenden, bunten Zigeunerkostüm wunderbar aus. Der Tanz gelingt perfekt, und beide bekommen einen riesigen Applaus. Puh...! Aber wir haben ja auch lange genug daran gearbeitet. Erleichtert sehe ich Rosi an, die jetzt, wo Andrés Debüt als Tänzer überstanden ist, gleichfalls aufatmet.

Für den Rest des Abends stehen keine „gefährlichen" Sachen mehr auf dem Programm. Zum Schluß spielt das Orchester ein Potpourri aus der „Czárdásfürstin" von Emmerich Kálmán. Ans und Ton singen die weltberühmten Melodien und tanzen zusammen Walzer, was, soweit zu sehen ist, keine Probleme macht. Ich stelle nur fest, daß Ton hin und wieder auf Ans' Kleid tritt. Da muß man also noch ein Stück abschneiden. Zum Glück braucht in dieser Nummer niemand ein Rad zu schlagen oder andere akrobatische Kunststückchen vorzuführen!

Das Publikum ist in Hochstimmung und folgt schunkelnd der mitreißenden Musik. Ich höre sogar einige Leute leise mitsingen: „Tanzen möcht' ich, jauchzen möcht' ich..."

Beim abschließenden „Radetzkymarsch" und während der Zugaben klatschen alle eifrig mit. Es tut mir richtig gut zu sehen, wieviel Spaß die Leute haben. Denn jetzt weiß ich, daß ich mich wenigstens nicht umsonst wieder so aufgeregt habe. Meine Magenschmerzen haben sich glücklicherweise gelegt. Als der Betriebsleiter ein paar Minuten später André und allen Mitwirkenden dankt und die „Jury" hinten im Saal auffordert, die Schilder mit den Wertungen hochzuheben, kann ich sogar von Herzen über diesen Scherz lachen.

Beim Hinausgehen höre ich, wie die Leute um mich herum begeistert vom Konzert sprechen. Man kann deutlich sehen, daß sie einen schönen Abend erlebt haben, denn fast alle lachen und unterhalten sich angeregt. Toll! Ich bin stolz auf André, weil er es einmal mehr fertiggebracht hat, daß die Leute in so heiterer Stimmung nach Hause gehen.

Anschließend trinken wir noch schnell etwas, und einer teilt dem anderen schon mal kurz die ersten Eindrücke von dem neuen Programm mit. Ich bekomme die Arbeitshefte der drei anderen mit nach Hause und studiere sie noch in derselben Nacht. Ich stelle fest, daß wir im allgemeinen die gleichen Dinge kritisch angemerkt haben. Das sind also Sachen, die unbedingt noch geändert werden müssen. Die kleine Romanze zwischen Ans und Jo ist offenbar gut angekommen. Daher bleibt sie ebenso im Programm wie Tons komischer Radschlag.

Am nächsten Morgen um neun Uhr findet eine Produktionskonferenz statt, bei der die Probevorstellung ausführlich diskutiert wird. Anschließend werden alle Beteiligten darüber informiert, was am Abend anders gemacht werden soll. Am Nachmittag überarbeite ich die Texte noch ein bißchen, denn manche sind zu lang und andere nicht verständlich genug. Ein Witz, über den kaum jemand gelacht hat, wird ohne weiteres gestrichen.

Am Abend gibt es eine zweite Probevorstellung im gleichen Saal, dann folgen noch zwei in Theatern, und in vierzehn Tagen soll dann am Neujahrstag im Heerlener Stadttheater die Premiere stattfinden. Mit jedem Mal wird die Vorstellung besser und mein Bauchweh im Verhältnis schwächer. Wir sehen der Premiere daher alle mit Vertrauen entgegen.

Aber wir wären nicht beim Theater, wenn es nicht anders kommen würde als gedacht. Am 30. Dezember abends ruft Jo an und teilt mit, daß Ans krank geworden ist und wahrscheinlich bei der Premiere nicht singen kann. Was für ein Schlag! Zunächst natürlich für Ans, aber für uns nicht weniger.

Ich verfluche alle Opern und Operetten, den Menschen, der die Arie erfunden hat, alle Sänger und Sängerinnen auf dieser Erde und mich am allermeisten, weil ich mich auf diesen schrecklichen Beruf eingelassen habe. Wäre ich doch bloß beim Unterrichten geblieben! Meine Schimpfkanonade darf jedoch nicht zu lange dauern, denn wir müssen uns dringend an die Arbeit machen. Telefonieren, regeln, organisieren. Zum Glück gibt es eine zweite Besetzung, nämlich Carolina, die alle Stücke des Programms eingeübt hat. Sie springt vor Freude an die Decke, als sie erfährt, daß sie die Premiere singen darf. Sie hat einige der Probevorstellungen gesehen und weiß deshalb, was alles geändert worden ist. Nur war bis jetzt noch keine Zeit gewesen, diese Sachen mit ihr durchzuproben. Das muß also am nächsten Tag geschehen, das heißt am 31. Dezember.

Am Silvestertag wird stundenlang in der eiskalten Aula einer Schule, dem einzigen Raum, der an diesem Festtag verfügbar ist, geschuftet. Carolina singt und tanzt mit Ton, Jo begleitet am Klavier, Rosi und ich helfen bei den Tanzschritten, und André dirigiert das Ganze. Zwischen den Duetten und Arien wird noch einmal schnell die Regie durchgegangen und müssen Kostüme anprobiert werden. Die Schneiderin wird ihre liebe Not haben, sie noch bis zum nächsten Tag passend zu machen. Du lieber Himmel, ist das eine Hektik!

Gegen Ende des Nachmittags sitzt alles, und wir können mit unseren Kindern und einigen Freunden anfangen, Silvester zu feiern. Allzu spät darf es nicht werden, denn der nächste Tag wird für uns alle sehr anstrengend sein.

Die relative Ruhe, die nach der vierten Probevorstellung in meinen Bauch eingezogen war, ist wieder dahin, als ich am Neujahrstag, noch müde von den Anstrengungen des Vortages, nachmittags im Saal des Heerlener Stadttheaters sitze. Gerade hatten wir wegen der Arien und Duette Carolinas noch eine zusätzliche Probe mit dem Orchester. Alles war glatt gegangen, aber trotzdem... ich habe kein sehr großes Zutrauen. Unser ältester Sohn Marc sitzt neben mir und meint, ich solle mich nicht so anstellen.

„Nun hab dich nicht so, Mutti! Es klappt doch immer. Und wenn's schief-geht, quatscht der Papa sich eh wieder raus, das weißt du doch." (Manchmal sind sie richtig niedlich, diese heranwachsenden Söhne!) Auf meiner anderen Seite sitzt Rosi, und sie ist mit Marcs Lagebeurteilung vollkommen einverstan-den. Unser jüngster Sohn Pierre setzt sich nie in den Saal, das ist ihm zu lang-weilig. Er hat Andrés technische Begabung geerbt, ist ständig in Bewegung und hilft gern beim Bau des Bühnenbildes mit.

Die ersten Stücke verlaufen ohne Probleme. Wir haben ein tolles Publikum, und das wirkt ungeheuer anregend. Kurz vor Carolinas erstem Auftritt kommt ein Text, den wir nach den ersten Probevorstellungen gekürzt haben, weil er uns ein bißchen zu lang vorgekommen war. Der erste Satz stimmt, aber dann geht André – wahrscheinlich weil er in Gedanken schon bei Carolinas Arie ist – in eine falsche Richtung: Es kommt nicht die neue, gekürzte Fassung, sondern die erste, längere. Und die hat er offenbar nicht mehr so ganz parat, denn der zwei-te Satz paßt überhaupt nicht zum ersten. Marc sieht mich mit hochgezogenen Augenbrauen an und fragt: „Stimmt denn das?" Ich schüttele den Kopf und halte den Atem an. Wenn das nur gutgeht! Aber André hat mit seiner erstaun-lichen Improvisationsgabe den Faden schon wiedergefunden und erzählt fröhlich seine Geschichte weiter, als müsse sie so und nicht anders sein.

Der restliche Teil des Programms vor der Pause verläuft ganz glatt, inklusive der Nummer mit dem Radschlag. Carolina ist fabelhaft, man merkt ihr über-haupt nicht an, daß sie in aller Eile hat einspringen müssen. Als mitten im Kon-zert von einem Bühnenarbeiter ein Stuhl herbeigebracht werden soll, sehe ich zu meinem Erstaunen, daß unser kleiner Pierre mit diesem Stuhl auf der Bühne erscheint. Im feinen schwarzen Anzug und mit einer Miene, als hätte er schon eine zehnjährige Berufserfahrung als Bühnenarbeiter. Was für eine Chuzpe, es ist nicht zu fassen. Ganz der Vater!

Während der Pause gibt es im Künstlerfoyer für alle Pfannkuchen, aber dort schaue ich im Augenblick besser nicht vorbei. Allein schon der Geruch! Viel-leicht später, wenn alles überstanden ist.

Der Zigeunertanz nach der Pause macht mir keine Angst, denn da hatte es bei den Probevorstellungen nie eine Panne gegeben. Warum sollte er also jetzt

*nicht gelingen? Doch als die fünfundvierzig Sekunden Umkleidezeit vorbei sind,
erscheint kein André! Das Orchester spielt, und Carolina tanzt mutterseelenal-
lein über die Bühne. Rosi kneift mich erschrocken in den Arm, denn aus dieser Szene kann jetzt nichts Vernünftiges mehr werden. Erst volle sechzehn Takte
zu spät tritt André in Erscheinung. Der Tanz zusammen mit Carolina gelingt
zwar prima, und beide tanzen höchst schwungvoll zu der feurigen Musik. Aber
dann ist die Musik zu Ende, und die beiden tanzen immer weiter, bis die ein-
studierten Schritte zu Ende getanzt sind. Es ist furchtbar - sechzehn Takte, in
beklemmender Stille! Das sind in Wirklichkeit natürlich nur ein paar Sekunden, aber für mich dauern sie eine Ewigkeit.*

*Schließlich ist alles vorbei, und das Publikum, das ja André heute zum ersten
Mal hat tanzen sehen, spendet tosenden Beifall. Ob die Leute die Panne
bemerkt haben? Oder ob sie meinen, das müsse so sein? Ich sehe, wie sich Rosi
ein paar Tropfen vom Gesicht wischt. Gott sei Dank bin ich nicht die einzige,
die ins Schwitzen geraten ist. Hinterher erfahre ich von André, daß er zwar
rechtzeitig mit dem Umziehen fertig geworden war, dann aber vor lauter Angst,
daß Carolina ihren Auftritt verpassen könnte, vergessen hatte, selbst aus den
Kulissen hervorzukommen!*

*Was steht uns jetzt noch bevor? Hoffentlich nichts Unangenehmes mehr,
denn mir reicht's für heute! Doch das Schlimmste kommt erst noch! Carolina
singt ihre letzte Arie, „Liebe, du Himmel auf Erden", in einem goldfarbenen trä-
gerlosen Kleid. Nun ist trägerlos sowieso nicht mein Fall, aber von diesem Tage
an wird meine Antipathie keine Grenzen mehr kennen. Denn kaum hat Carolina die erste Zeile gesungen, da sehe ich, wie sich das Oberteil ihres Kleides leicht
senkt! Rosi sieht es ebenfalls, und in einer unwillkürlichen Bewegung schlagen
wir beide erschreckt die Hände vor die Brust. Es wird doch nicht... Ach du
liebes Lieschen, nein, nur das nicht, ich darf gar nicht daran denken! Bei jedem
Atemzug - und das sind bei so einer Arie nicht gerade wenige! - rutscht das
Oberteil um einen weiteren Millimeter nach unten. Ich wage nicht mehr
hinzugucken und starre unverwandt auf meine Knie. Wenn Carolina doch bloß
aufhören würde zu singen! Aber nein, es kommt noch eine ganze Strophe. Ich
höre, wie Marc neben mir kichert. Mein Gott, was passiert da oben bloß?*

*Endlich ist die Arie zu Ende. Ich höre Applaus und frage Rosi ganz leise und
mit zusammengekniffenen Augen: „Hat sie's noch an?"*

*„Ja doch, du kannst die Augen wieder aufmachen!" Erst da traue ich mich,
wieder zu Carolina hinzusehen. Es ist tatsächlich „nichts" passiert. Bei ihrer Verbeugung vor dem Publikum rückt sie das Kleid mit einer geschickten, fast
unsichtbaren Bewegung wieder zurecht und hüpft dann froh und munter in die
Kulissen.*

*Ich bewundere sie sehr - so wie ich André und Ton und alle anderen Künst-
ler bewundere, die immer weitermachen, was immer auf der Bühne geschehen*

mag. Ich könnte das nicht. Da sitze ich doch lieber - und sei es mit Bauchweh - unten im Saal.

Am Schluß des Konzerts herrscht im Heerlener Stadttheater eine ausgesprochen festliche Stimmung. Das Publikum ist restlos begeistert, es gibt Luftballons und Papierschlangen, Standingovations und sehr, sehr viele Blumen. André muß mehrere Zugaben spielen, man möchte ihn gar nicht wieder gehen lassen. Aber dann fällt der Vorhang, und wir gehen ins Künstlerfoyer. Dort haben sich viele Gäste versammelt, die alle das Konzert in vollen Zügen genossen haben. Man lobt André und die Solisten in den höchsten Tönen und gratuliert jedem zu der phantastisch gelungenen Premiere.

Wegen des durchgestandenen Stresses noch ein bißchen zittrig, erzähle ich einem Bekannten von den tausend Toden, die ich heute nachmittag gestorben bin.

„Ach, wirklich? Aber wieso denn? Hat irgendwas nicht geklappt?"

Rosi wirft mir einen verständnisvollen Blick zu. „Komm", sagt sie und zieht mich am Arm mit sich. Zusammen begeben wir uns in Richtung Pfannkuchen und Champagner. Die haben wir uns verdient, meinen wir.

ENDLICH

*S*chon seit 1978 hatte ich ständig in eigene Ensembles investiert. Inzwischen dürfte klar geworden sein, daß es bei uns während all dieser Jahre nicht gerade üppig zuging. Aber angeblich sollen ja auf sieben magere Jahre sieben fette folgen, worauf ich jedoch nun schon seit 1985 vergeblich wartete. Was genau der Grund war, weiß ich nicht. Vielleicht lag es daran, daß ich gern gründlich an die Sachen herangehe und so manches lieber doppelt mache als halb – jedenfalls dauerte es abermals sieben Jahre, bevor das Pendel zur entgegengesetzten Seite auszuschlagen begann. Erst dann konnten wir allmählich und sehr vorsichtig die Früchte unserer Schufterei in der vorangegangenen Periode ernten. Das wurde aber auch höchste Zeit, fand ich!

Jahrelang hatten wir alles darangesetzt, um aus unserem Wiener Abend eine professionelle Vorstellung zu machen, und das war uns schließlich auch gelungen. Immer mehr Theaterintendanten in den Niederlanden und in Belgien waren aufrichtig begeistert und buchten das JOHANN STRAUSS ORCHESTER. Auch die Zuhörer kannten und liebten uns inzwischen, so daß die Konzertsäle immer bis zum letzten Platz besetzt waren. Übrigens waren die Vorstellungen im allgemeinen schon im Abonnement ausverkauft. Viele Leute, die eines unserer Konzerte besucht hatten, schrieben uns, wieviel Freude ihnen unser Abend gemacht hatte.

Auf Grund all dessen kam ich langsam zu der Überzeugung, daß es möglich sein müßte, weit mehr Menschen mit unserer Musik zu erreichen, das heißt auch Hörer außerhalb der Theater, in denen wir jede Saison auftraten, ja sogar weit jenseits unserer Landesgrenzen. Die geeignetste Möglichkeit dazu bot ohne Zweifel das Fernsehen.

Zusammen mit Marjorie startete ich also eine ausgedehnte Kampagne zur Eroberung dieses Mediums. Genau in der Art, wie ich damals für das MAASTRICHTER SALONORCHESTER bei den Intendanten und beim Rundfunk geworben hatte, fingen wir jetzt erneut an, mit unserer „Ware" zu hausieren, sowohl mit dem Salonorchester, dessen *HIERIN-*

GEBIETE oder *SPEKULATIUSKONZERT* ich zum Beispiel für sehr „telegen" hielt, als auch mit dem JOHANN STRAUSS ORCHESTER. Und inzwischen mit viel mehr Erfahrung, so daß jetzt alles ganz schnell zum Erfolg führen würde. So glaubten wir. Wir telefonierten und schrieben Briefe, schickten Kassetten, Fotos und Videos herum. Wir stiegen ins Auto und fuhren regelmäßig ins Funk- und Fernsehzentrum Hilversum, um Produzenten, Programmgestalter und Moderatoren persönlich aufzusuchen.

Doch die Ergebnisse waren erbärmlich. „Hilversum" erklärte mich für verrückt. Die klassischen Abteilungen fanden meine Musik nicht seriös genug, die Pop-Produzenten lachten sich tot und meinten, ich solle doch lieber meiner alten Oma etwas vorspielen. In der Regel hielt man sowohl die Musik des MAASTRICHTER SALONORCHESTERS als auch das Wiener Repertoire des JOHANN STRAUSS ORCHESTERS für rückständig und allenfalls für Kaffeetanten geeignet. Auf so etwas hätte das Publikum gerade gewartet! Das wäre doch wohl das Letzte! Und wenn schon mal ausnahmsweise jemand begeistert war, dann setzte sich dieser Mensch zufälligerweise gerade zur Ruhe, zog ins Ausland, erkrankte ernsthaft oder – schlimmer noch – starb einfach. Das Glück war nicht gerade auf unserer Seite.

Wir überlegten, ob es nicht vielleicht vernünftiger wäre, einen Konzertagenten hinzuzuziehen, der bessere Beziehungen zum Fernsehen hätte. Wir suchten also nach einer geeigneten Person, gerieten aber immer wieder an Burschen, die uns entweder aufs Kreuz legten oder endlos hinhielten, so daß wir am Ende die Geduld verloren. Wir versuchten es im Ausland, telefonierten mit großen Konzertagenturen in Berlin und Paris und reisten nach Brüssel, Hannover und München, um dort unser Glück zu versuchen. Es war jedoch immer und ewig dasselbe alte Lied, das man uns vorsang: „Ganz nett, was ihr da macht, aber leider gibt es dafür kein Publikum. So etwas kann man heute wirklich nicht mehr im Fernsehen bringen."

Wenn Marjorie und ich nicht eine so große
Ausdauer gehabt und gleichzeitig intuitiv gespürt hätten,
daß sich alle diese Leute irrten und es sehr wohl ein großes Publikum
für meine Musik gab, dann wären wir wohl mehr als einmal der
Versuchung erlegen, die Flinte ins Korn zu werfen. Denn diese
„Hausiererei" war wahnsinnig anstrengend, und manchmal hing es
uns zum Halse heraus, immer wieder neue Verbindungen aufnehmen
und ewig dieselbe Geschichte erzählen zu müssen. Trotzdem glaubten

1993. Das erste Konzert des JOHANN STRAUSS ORCHESTERS im berühmten
Amsterdamer „Concertgebouw". Die Solisten waren Tamara Lund und Marco Bakker.

Natürlich habe ich versucht, meinen Söhnen die Liebe zur Geige zu vermitteln. Obwohl sie beide die Begabung dazu haben, haben sie sich trotzdem für eine andere Richtung entschieden. Pierre spielt Trompete und möchte nichts lieber als möglichst bald im JOHANN STRAUSS ORCHESTER mitspielen; Marc malt sehr gern, am liebsten bei klassischer Musik.

Oben: Marc bei einer Aufführung des AMBINOBALLETTS. Er tanzte nicht, sondern spielte im Playback die „Serenade" von Haydn, im Original gespielt (na, von wem wohl?) vom MAASTRICHTER SALONORCHESTER.

Unten: Trotz seines jugendlichen Alters konnte Pierre hier doch tatsächlich schon eine ordentliche Tonleiter spielen.

Eine meiner Verehrerinnen sagte mir einmal, sie fühle sich bei meinen Konzerten immer wie auf einer Kinderparty: „Heiter und ausgelassen, und wenn nach drei Stunden Schluß ist, hat man noch gar keine Lust, nach Hause zu gehen!"
Vielleicht kommt das daher, daß ich selber ganz versessen auf Kinderpartys bin! Und ich möchte auch jedes meiner Konzerte zu einem richtigen Fest machen.

wir beide fest daran: Gerade heute, gerade in dieser modernen, hektischen Zeit, in der so viele Menschen unter Streß litten, waren nach unserer Meinung viele auf der Suche nach Romantischem und nach ein bißchen Nostalgie, nicht zuletzt aber auch einfach nach Fröhlichkeit.

Wir kamen schließlich dahinter, daß es uns, wenn wir so weiter-machten, niemals gelingen würde, ins Fernsehen zu kommen. Was uns im Grunde genommen fehlte, war erstens eine CD-Aufzeichnung unse-res Wiener Abends und zweitens eine große Schallplattenfirma, die diese CD effektiv vertreiben könnte. Mit neuem Schwung – und genauso begeistert, wie ich es als Kind bei jeder neuen Idee für unsere „Karre", später bei jedem neuen Schritt in meiner Laufbahn war – machte ich mich auf den Weg. Diesmal ging ich bei den Schallplattenfirmen hau-sieren. Also jetzt würde es endlich klappen! Wenn ich erst einmal jeman-den so weit bringen könnte, eines unserer Konzerte zu besuchen, dann würde er ohne Frage von unseren Qualitäten beeindruckt sein und mir auf der Stelle einen Vertrag anbieten...

Allmählich wird es langweilig, wenn ich immer wieder dasselbe erzäh-le, aber die Wirklichkeit war halt nicht anders: Die Geschichte wieder-holte sich, und meine Bitte wurde unzählige Male abgelehnt. „Kein Interesse", „Nichts Besonderes", „Nicht zu vermarkten", „Höchstens was für Zombies, und die kaufen bekanntlich keine CDs", „Nettes Kon-zert, läßt sich aber schwer auf CD aufzeichnen" und so weiter. Die vie-len Firmen, die mich damals abgewiesen haben, werden sich zweifellos an diese Urteile erinnern – und raufen sich jetzt (sofern eine Firma dazu in der Lage ist) vor Reue die Haare!

Meine Suchaktion im Labyrinth der Schallplattenwelt endete in Hil-versum, und zwar bei Phonogram, wo der Produktmanager Herman van der Zwam nach einem Konzertbesuch spontan äußerte: „Das ist unser Mann! Mit dem machen wir eine Platte!"

Und diese Platte – oder besser CD – wurde nun tatsächlich produ-ziert. Endlich! Im August 1994 erschien eine Single mit dem *Walzer Nr. 2* aus der *Jazz Suite Nr. 2* von Schostakowitsch, der dann unter dem englischen Titel *The Second Waltz* bekannt wurde. Schon einen Monat später folgte das Album *Strauß & Co.* Die Plattenfirma erhoffte sich einen Verkauf von 25 000 Stück bis zum Jahresende.

Kaum war die Single auf dem Markt, da folgte eine Überraschung der anderen. Im Nu hatte der *Second Waltz* die Niederlande erobert. Er erreichte zunächst die Tip-, dann die Hitparade, bald sogar die Top 10, wo er sich monatelang behauptete. Es war einfach unglaublich – dieser wundervolle, mitreißende Konzertwalzer, dieses ausgesprochen klassische Musikstück von Dimitri Schostakowitsch in den Top 10, umgeben von nichts als bekannten Popgruppen!

Als ich während eines direkt übertragenen Rundfunkinterviews mit dem berühmten niederländischen Diskjockey Frits Spits den *Radetzkymarsch* aus dem Album *Strauß & Co.* ankündigen sollte, flüsterte mir Marc den von ihm spontan erfundenen Slogan ein: „Nicht house, sondern Strauß!" Unter diesem Motto wurde nun auch Radio 3 (die bekannteste Popstation) und damit die niederländische Jugend im Sturm erobert. Das Album kam in die Top 100, wurde bald die Nummer eins und war lange Zeit nicht zu schlagen. Die CD sollte 52 Wochen lang ununterbrochen in den Top 10 bleiben, ein neuer Rekord für die Niederlande.

Zwei Monate nach Erscheinen des Albums kam erneut ein spannender Augenblick. Am 18. November 1994 wurde in den Niederlanden unser erstes Fernsehkonzert ausgestrahlt: *Strauß & Co.,* eine Aufzeichnung aus dem Nimwegener Konzertsaal De Vereeniging. Wir waren wahnsinnig gespannt. Ob meine Vermutung wohl stimmte und unser Konzert wirklich ein landesweiter Erfolg werden würde? Oder würden jetzt alle diejenigen recht bekommen, die immer behauptet hatten, daß es „abgesehen von den paar wenigen Konzertbesuchern" kein Publikum für unsere Musik gebe?

Am Morgen nach der Sendung rief mich die Regisseurin Marjolein Mulder an. Ausgelassen und mit einer Stimme, die sich vor Erregung wiederholt überschlug, erzählte sie mir, daß mein Konzert nicht nur unwahrscheinlich hohe Einschaltquoten erreicht habe, sondern auch die höchste Programmwertung seit jener Fußball-Europameisterschaft, bei der die niederländische Mannschaft gesiegt hatte. Der einzige Mensch, der jemals solche Wertungen bekommen habe, sei seinerzeit Wim Kan mit seinem berühmten politischen Kabarett am Silvesterabend gewesen.

Mit Tränen in den Augen fielen Marjorie und ich uns in die Arme! Wir konnten es zunächst kaum fassen. Hatten wirklich so viele Leute mein Konzert gesehen, und hatten sie es tatsächlich so hoch bewertet? Wir gerieten völlig aus dem Häuschen und erzählten es sofort im Büro, was die gesamte Belegschaft in Hochstimmung versetzte. Wir drehten den *Second Waltz,* der sich in der Telefon-Wartestellung befand, so laut wie möglich, und zu diesen krächzenden Tönen, die nun aus allen Apparaten gleichzeitig klangen, tanzten wir alle jubelnd im Büro herum.

Ach, waren wir glücklich! Nicht nur Marjorie und ich, sondern natürlich auch das Orchester und alle unsere engsten Mitarbeiter. Dieses Ergebnis hatte unsere kühnsten Erwartungen übertroffen. Eine schönere Belohnung für die Anstrengungen so vieler Jahre hätten wir uns nicht wünschen können.

Die Fernsehsendung blieb nicht ohne Folgen. Auf einmal riefen so viele Leute an und wollten Konzerte buchen, daß wir bald schon die Anfragen nicht mehr selbst bewältigen konnten und die Buchungen in die Hände des erfahrenen Wout van Liempt vom Nederlands Theaterbureau legten. Von der CD *Strauß & Co.* wurden noch vor Jahresende statt der erwarteten 25 000 nicht weniger als 250 000 verkauft, und inzwischen sind es allein in den Niederlanden über 800 000, eine Zahl die noch nie zuvor in so kurzer Zeit erreicht worden ist. Auch die nächste CD *Wiener Melange* und die Videos, die anschließend erschienen, verkauften sich irrsinnig gut.

Plötzlich fand ich Beachtung. Ich bekam Preise und Auszeichnungen, es wurden Blumen und Pralinen nach mir benannt, und ich mußte zahlreiche Interviews für Presse, Rundfunk und Fernsehen geben. In fast allen Fernsehshows war ich zu Gast – allein oder mit dem JOHANN STRAUSS ORCHESTER – und ich bekam Angebote für Werbespots und andere Reklamekampagnen. Über Nacht war ich zum Star geworden – mit den entsprechenden Konsequenzen.

Was ich seit Erscheinen des *Second Waltz* alles erlebt habe, ist bereits in der seriösen und weniger seriösen Presse so ausführlich geschildert worden, daß ich dem kaum etwas Neues hinzufügen kann.

Soviel kann immerhin noch gesagt werden: Unser Leben hat sich mit einem Schlag völlig verändert. Mir ist, als wären wir in eine Stromschnelle geraten, in der es gilt, nicht mitgerissen zu werden. Ich genieße den Erfolg, den wir uns in so vielen Jahren erkämpft haben, aber ich versuche auch, einen kühlen Kopf zu bewahren und mit beiden Beinen auf der Erde zu bleiben. Ich tue unverändert meine Arbeit, und das nach wie vor mit der gleichen Begeisterung. Auch meine Kampfeslust werde ich nicht aufgeben, denn ich weiß, daß ich bei allem, was ich unternehme, immer wieder auf Hindernisse und Skepsis treffen werde, die ich überwinden muß. Doch es lohnt sich, denn es gibt nichts Schöneres, als mit und für Menschen Musik zu machen!

Die Träume meiner Jugend sind in Erfüllung gegangen. Der Traum von dem Engel schon vor zweiundzwanzig Jahren, und nun auch jener andere, der Traum des kleinen Jungen, der so furchtbar gern im Scheinwerferglanz vor vielen Leuten Geige spielen wollte. Ich bin ein glücklicher Mensch!

VIERTER TEIL

HERR RIEU,
DARF ICH SIE ETWAS FRAGEN?

DARF ICH SIE
ETWAS FRAGEN?

*V*or ungefähr zehn Jahren kam im Anschluß an ein unterhaltsames Kaffeekonzert mit dem MAASTRICHTER SALONORCHESTER eine Dame zu mir und sprach mich ein bißchen schüchtern an: „Herr Rieu, darf ich Ihnen eine intime Frage stellen?"

Das Alter der Dame – ich schätzte sie trotz ihrer dunklen Perücke auf bestimmt schon achtzig – gab Anlaß zu der Vermutung, daß es nicht allzu gefährlich sein dürfte, „ja" zu sagen, also sagte ich: „Aber ja."

„Würden Sie bitte bei meiner Beerdigung spielen?"

Fast wäre mir mein Kaffee im Halse steckengeblieben... Aber ich fing mich schnell wieder, holte meinen Terminkalender hervor und antwortete: „Okay, und wann bitte schön, soll das sein?"

Seitdem erscheint die betreffende Dame alle Jahre wieder bei einem meiner Konzerte. Sie trägt noch immer ihre dunkle Perücke und erfreut sich offensichtlich einer blühenden Gesundheit. Es scheint, daß sie meine Musik doch lieber „live" hört, und das wird sie hoffentlich noch eine ganze Weile fit halten!

Obwohl ich mir diese scherzhafte Reaktion erlaubt habe, bin ich immer tief beeindruckt, wenn mir Leute solche Fragen stellen. Immerhin hat der Gedanke an den Tod, an den Abschied von lieben Menschen und an alles, was damit zusammenhängt, für die meisten von uns etwas sehr Beängstigendes. Wenn mir jemand in einer solchen Situation zu verstehen gibt, daß er in meiner Musik Trost findet, dann halte ich das für ein großes Kompliment. Und es ist ein Beweis mehr dafür, daß Musik im allgemeinen – welcher Art sie auch immer sein mag, die Geschmäcker sind nun mal verschieden – imstande ist, den Menschen in tiefster Seele zu berühren. Solange mir das mit meinen Konzerten gelingt, weiß ich, daß das, was ich tue, gut ist und daß ich eine wichtige Aufgabe zu erfüllen habe.

(Damit ich in Zukunft nicht mit Anfragen, bei Beerdigungen zu spielen, überhäuft werde, möchte ich hier festhalten, daß mir das immer sehr schwerfällt, weshalb ich es fast nie mehr tue. Denn wenn mich die

Menschen in der Kirche oder im Krematorium auch nur eine einzige
Note auf meiner Geige spielen hören, fangen sie gleich so fürchterlich
an zu weinen, daß ich überhaupt nicht mehr weiterspielen kann. Ich
muß dann selbst noch viel lauter weinen als alle versammelten Trauer-
gäste zusammen und bin als angeheuerter Musikant mein Geld
bestimmt nicht wert.)

♪ ♫ ♪

Eine neue Mitarbeiterin unseres Büros, die gerade ihren ersten
Arbeitstag beginnt und zum ersten Mal einen Anruf entgegennimmt,
wird von der Anruferin gefragt: „Fräulein, ich arbeite zur Zeit an einer
Skulptur von Herrn Rieu. Aber auf den Fotos ist immer nur seine obere
Hälfte zu sehen. Könnten Sie mir bitte die Maße der unteren Hälfte
geben?"
    Daraufhin die Telefonistin: „Also wirklich, ich muß doch bitten! Was
ist denn das hier für ein Laden?"

♫ ♪ ♫

Eine Frage, die in Briefen oft gestellt wird: „Herr Rieu, welche Farben
haben Sie in Ihrem Wohnzimmer? Ich bin nämlich gerade dabei, Ihr Por-
trät zu zeichnen/malen/tuschen/kneten/stricken/häkeln/sticken/schnei-
den/basteln. Das möchte ich Ihnen gern in einem hübschen Rahmen
schenken, und da wäre es doch schön, wenn dieser zu Ihrer Einrichtung
passen würde."

Meine lieben, lieben Leute, es ist wirklich großartig, daß Sie das alles
für mich tun. Ich bewundere den unendlichen Erfindungsreichtum, mit
dem Sie mich auf immer neue Weise zu porträtieren wissen. Aber wo
soll ich denn das alles bloß unterbringen? Man würde die ursprüngli-
chen Farben in unserem Wohnzimmer nicht einmal mehr sehen können,
wenn ich alle Geschenke, die mir täglich zuströmen, hinstellen oder an
die Wand hängen würde.
    Ich weiß es wirklich sehr zu schätzen, daß Sie sich meinetwegen sol-
che Mühe geben und mir Ihre Dankbarkeit für die Musik, die ich spiele, dadurch zeigen möchten, daß Sie mir Geschenke machen. Aber ich
denke, ich habe da einen besseren Vorschlag. Sie wissen, daß mein Herz
den Menschen in Burkina Faso gehört und daß ich unbedingt etwas
dazu beitragen möchte, ihre Lage zu verbessern. Sie könnten mir deshalb keine größere Freude bereiten, als dieses Bestreben zu unterstüt-
zen. Ich fände es einfach wunderbar, wenn Sie die vielen Geschenke, die

Sie mir schicken möchten, in eine Spende für die Stiftung Maastricht-Niou verwandeln würden. Schon für zehn Mark kann man einen Baum in der Sahelzone pflanzen, und damit machen Sie nicht nur mich glücklich, sondern vor allem auch die Menschen in diesem afrikanischen Land. Ich wäre Ihnen dafür sehr dankbar. (Die Kontonummer finden Sie auf S. 203)

♪ ♫ ♪

„Würden Sie gern für die Königin und den Prinzen spielen?"

Ja, natürlich würde ich gern für Königin Beatrix und Prinz Claus spielen. Und es würde mich ganz besonders freuen, wenn sie einmal eine Eintrittskarte für ein Konzert kaufen würden! Nicht etwa, weil ich habgierig wäre. Nein, ich spiele gern, und dies grundsätzlich für jeden, vorzugsweise aber für die Leute, die aus freien Stücken kommen, um mich zu hören. Am begeistertsten sind ja doch immer diejenigen, die eine Weile Schlange stehen mußten, um eine Karte zu bekommen. Ganz im Gegensatz zu den bedauernswerten Leuten, die von dem Betrieb, bei dem sie entweder Angestellter oder guter Kunde sind, eine Einladung zum Konzert bekommen, denn sie wissen ja gar nicht, was ihnen dann an einem solchen Abend bevorsteht. Vielleicht mögen sie ausschließlich die Musik der Renaissance, oder sie haben eine ausgesprochene Vorliebe für Nana Mouskouri. Ein derartiger Abend wird dann für sie möglicherweise zu einer Pleite, weil sie eine Musik aufgedrängt bekommen, die sie gar nicht hören wollen.

Und das möchte ich auf gar keinen Fall: der Königin meine Musik aufdrängen!

♫ ♪ ♫

✒

Eine arrogante Männerstimme am Telefon: „Hallo, hier spricht Doktor N. Wäre Ihr werter Gatte vielleicht in der Lage, am kommenden Samstag mit seiner Gruppe beim Geburtstag meiner Frau zu spielen? – Gegen Honorar, versteht sich!"

Antwort: „Mein Mann ist leider an dem Abend besetzt. Aber da wir nun schon ins Gespräch gekommen sind: Sein Blinddarm macht ihm in letzter Zeit zu schaffen. Könnten Sie den bei Gelegenheit mal rausholen? Gegen Honorar, versteht sich!"

✒

„Gnädige Frau, spielt der Herr Rieu auch mal anläßlich einer ‚besseren‘ Hochzeit?"
Auch an jenem Abend war er leider verhindert.

♪ ♫ ♪

Eine Frage, die ich nicht ausstehen kann: „Ach, André, es wäre wunderbar, wenn du zu meiner Party kommen könntest. Freitag nächster Woche. Geht das, oder hast du da schon was vor?"
„Nein, an dem Abend bin ich frei. Danke für die Einladung! Finde ich wirklich toll, ich freue mich wahnsinnig!"
„Bringst du dann bitte deine Geige mit?"
Wuäh!!!

♫ ♪ ♫

♪ ♫ ♪

Marjorie fand auf ihrem Schreibtisch einen Zettel mit der Bitte, sich bei einem Betrieb zu melden, der an einem Auftritt interessiert war. Als sie anrief, war eine äußerst liebenswürdige Dame am Apparat, die ihr über mich ein Loch in den Bauch fragte. Marjorie, die an so etwas gewöhnt ist, antwortete freundlich und geduldig. Schließlich ist der Kunde König.
Erst nach etwa zehn Minuten sagte die Dame: „Ich will lieber ehrlich sein. Hier ist das Institut für Kriegsversehrte. Ich wußte sofort, daß Sie falsch verbunden sind, aber ich liebe die Musik Ihres Mannes so sehr, daß ich es nicht übers Herz gebracht habe, Ihnen das gleich zu sagen."

♫ ♪ ♫

Pianist gesucht

Eines Tages meldete sich ein Herr zum Vorspielen, der sich, wie er mit trauriger Stimme behauptete, für geeignet hielt, im MAASTRICHTER SALONORCHESTER zu spielen. Er schaute so trübsinnig drein, daß ich dachte, er würde bald in Tränen ausbrechen. Er setzte sich ans Klavier und fing an, eine schwere Bach-Fuge zu spielen, wobei sein Gesichtsausdruck immer trüber wurde. Ich dachte an den *Bummelpetrus* und fragte vorsichtig, ob er meine, mit seiner Bewerbung an der richtigen Adresse zu sein.
„Doch."
Mehr nicht. Ich wollte ihn ein bißchen aufmuntern und fragte fröhlich: „Möchten Sie vielleicht einen Kaffee?"

Wesentlichen Anteil an unserem Erfolg haben die Arrangements, die ich zusammen mit meinem Pianisten Jo Huijts schreibe. Diese gemeinsame Arbeit macht uns beiden immer wieder großen Spaß.

„Nein, danke.“

„Lieber Tee?“

„Nee.“

Wieder setzte er Bach ein, eine andere Fuge. Auf meine Frage, ob er denn vielleicht auch Mozart spiele, warf er mir nur einen vernichtenden Blick zu. Er war gerade noch bereit, eine schwermütige Nocturne von Chopin zu spielen, aber danach war er dem Weinen näher als dem Lachen. Ich übrigens auch. Die Stimmung sank mit jeder Minute. Ich versuchte es noch einmal: „Kann ich Ihnen vielleicht eine Erfrischung anbieten?“

„Nein, danke. Kein Kaffee, kein Tee, kein Wein, keine Frauen. Nichts von alledem in meinem Leben“, sagte der Herr, und er klang auf einmal ganz entschieden und überzeugend. Vor lauter Prinzipientreue bildete sich über seiner Nase eine Falte. Er tat mir leid.

Am gleichen Tag kam auch Jo Huijts zum Vorspielen. Er spielte traumhaft, spielte Mozart, Chopin und Beethoven und anschließend auch noch mit mir zusammen den *Bummelpetrus*. Er trank erst Kaffee, dann Tee, aß zwei Stücke Kuchen und saß schließlich noch stundenlang mit uns zusammen. Neben Marjorie auf einer Bank sitzend und vergnügt plaudernd, trank er mehrere Gläser Wein – zunächst Weißwein, und als der alle war, Rotwein.

Auf ihn fiel die Wahl, ich bin eben auch nur ein Mensch!

♪ ♫ ♪

Aus einem Interview für eine Schülerzeitung

„Ist dir bei einem Konzert schon mal ein Riesenpatzer unterlaufen? Wenn ja, welcher?“

„Ich hatte meine Geige zu Hause liegen lassen!“

„Wie bist du in das Orchester gekommen, in dem du jetzt bist?“

„Ha, ha, ha!“

Die von Kindern am häufigsten gestellten Fragen

Spielst du außer Geige noch ein anderes Instrument?

Ja, Klavier, aber nicht so gut. Wenn ich spiele, improvisiere ich meistens oder versuche, neue Melodien zu komponieren. Außerdem habe ich lange Blockflöte gespielt, und das hat mir großen Spaß gemacht. Aber jetzt bin ich doch froh, daß ich Geige spiele.

Welches sind deine Hobbys?

Ich mag Tiere sehr gern. Als Kind hatte ich zwei Hunde, einen Papagei, eine Taube, Fische, Eidechsen, Salamander, Frösche und sogar eine Schlange. Heute habe ich einen Hund (Xander, einen Boxer), eine Voliere mit sehr vielen Vögeln und einen Teich mit Fischen. Eine Zeitlang hatten wir auch mal Hühner und Meerschweinchen.

Außerdem ist noch immer die Technik eines meiner größten Hobbys. Im Fernsehen sehe ich gern Programme über moderne Technologien und Entdeckungen, egal, auf welchem Gebiet. Eine der interessantesten Sachen ist für mich die Raumfahrt, auch wenn ich selber nicht Astronaut sein möchte. Wohl aber Pilot! Ich habe sogar schon einige Flugstunden gehabt.

Welches ist dein Lieblingsgericht?

Weiß ich nicht. Ich esse so vieles sehr gern. Zum Beispiel Austern, wie ich sie jedes Jahr in Maastricht beim Preuvenemint bekomme (einem kulinarischen Sommerfest auf dem Vrijthof, dem schönsten und größten Platz Maastrichts). Aber ich finde auch ein typisch limburgisches Gericht aus roher, krauser Endivie mit Kartoffeln, roten Zwiebeln und knusprig gebackenen Speckwürfeln sehr lecker. Es muß allerdings von Marjorie zubereitet sein.

Wer ist dein Lieblingskomponist?

Schon wieder so eine schwierige Frage! Ich mag alle Musik, wenn sie nur gut komponiert ist und mit musikalischem Gefühl gespielt wird. Wenn ich aber doch einige von mir besonders geschätzte Komponisten nennen soll, dann sind das Johann Strauß (natürlich), Mozart und Verdi.

Welches ist dein bevorzugtes Fernsehprogramm?

Am liebsten sehe ich Tennis – und das oft noch spät in der Nacht, wenn ich von einem Konzert heimgekommen bin. Dabei habe ich keinen „Favoriten", sondern bin einfach immer für den, der gerade am besten spielt. Wenn das ein neues, junges Talent ist, dem es gelingt, einen etablierten Star zu schlagen, dann freut mich das ganz besonders. Außerdem sehe ich gern Familienserien wie *Unser Lehrer Doktor Specht* oder englische Comedy-Serien wie zum Beispiel *Das Verrückte Hotel Fawlty Towers*. Zusammen mit Marjorie und den Jungs kann ich darüber herzlich lachen.

André, würdest du bitte bei meiner Kommunion spielen?

(Diese Frage hat auch eine „erwachsene" Variante: „Würdest du bitte bei meiner Hochzeit spielen?")

Ich würde schon gern kommen und spielen, aber wenn ich bei deiner Kommunion (Hochzeit) spiele, muß ich natürlich auch zu der deiner Nachbarin kommen. Sonst wäre das unfair, nicht? Und es gibt so viele Kommunionsfeiern und Hochzeiten, das würde mir dann auch ein bißchen zuviel. Also feiert mal schön ohne mich und legt eine CD mit Strauß-Musik auf. Dann wird es bestimmt sehr lustig!

Die von Erwachsenen am häufigsten gestellten Fragen

Warum bist du aus dem Symphonieorchester weggegangen?

Die Auftritte mit dem Symphonieorchester verursachten mir wachsendes Unbehagen, gerade weil bei meinen Konzerten mit dem MAASTRICHTER SALONORCHESTER und dem JOHANN STRAUSS ORCHESTER immer so eine einzigartige Atmosphäre herrschte. Obwohl ich die klassische Musik sehr liebe und das Repertoire des Symphonieorchesters im allgemeinen durchaus schön und interessant fand, störte mich die Atmosphäre, in der diese Konzerte stattfanden, immer mehr. Das Orchester saß auf der Bühne und spielte die herrlichste Musik, das Publikum saß unten im Saal und hörte aufmerksam zu, aber nach meinem Empfinden gab es auf der emotionalen Ebene kaum eine Kommunikation. Ich will damit natürlich nicht behaupten, daß die Anwesenden die klassische Musik nicht mit Genuß und Freude hörten. Aber es ist – von dem mehr oder weniger starken Beifall am Ende eines Stückes einmal abgesehen – während eines Konzerts kaum möglich, diesen positiven Gefühlen Ausdruck zu verleihen. Auf seiten der Musiker ist die emotionale „Verbindung" zum Publikum ebenfalls nicht sehr intensiv. Sie achten in erster Linie auf den Dirigenten und setzen alles daran, so gut wie möglich zu spielen und keine Fehler zu machen. Aber was für Leute dort im Saal sitzen und vor allem was diese Leute bei dem Konzert empfinden, interessiert sie herzlich wenig. Anders gesagt, sie spielen in dem Augenblick nicht unbedingt für dieses Publikum, und das ist etwas, was für das MAASTRICHTER SALONORCHESTER und das JOHANN STRAUSS ORCHESTER ganz bestimmt nicht zutrifft.

Solche Sachen störten mich immer mehr, und ich fing an, von einem Leben als selbständiger Musiker zu träumen, das es mir ermöglichen würde, auf eine Art und Weise Musik zu machen, die mir gefiel. Ich erinnerte mich obendrein an die Worte meines Vaters, der immer zu mir gesagt hatte: „Du mußt zusehen, daß du im Leben ein Spezialgebiet hast. Du mußt dich einer Sache voll und ganz widmen, in der du dann wirklich gut bist."

Letztendlich führte dies alles dazu, daß ich dem Symphonieorchester nach zwölf Jahren Lebewohl sagte, wobei ich allerdings alle Sicherheiten, die eine feste Anstellung bietet, aufgeben mußte. Natürlich tat ich diesen Schritt erst nach reiflicher Überlegung und nach intensiven Gesprächen mit Marjorie, aber wir waren beide fest davon überzeugt, daß es sich lohnen würde, das damit verbundene Risiko einzugehen. Und wir haben unseren Entschluß bis heute nicht bereut.

Du bekommst ziemlich viel Kritik von seiten der „ernsten", der sogenannten E-Musik. Ärgert dich das?

Natürlich ärgert mich das, denn ich halte sie für ungerecht. Man kann die beiden Ebenen doch so gar nicht miteinander vergleichen. Woran mir aber sehr liegt, ist, den Leuten wenigstens teilweise die Schwellenangst zu nehmen, die viele da empfinden, wo es um klassische Musik geht. Und darüber müßten sich, wenn man es recht bedenkt, die „klassischen" Kreise doch eher freuen. Ich bedaure es sehr, daß über dieser Musik immer der Schleier des Ernsten und Elitären liegt, und ich werde auch nicht aufhören, dafür zu kämpfen, daß er verschwindet. Der größte Teil der klassischen Musik verdient es nämlich, für ein sehr viel größeres Publikum gespielt zu werden.

Nach einem Konzert mit dem MAASTRICHTER SALONORCHESTER

kam einmal ein älterer Herr zu mir und sagte: „Ich habe in meinem ganzen Leben noch nie eine Geige aus nächster Nähe gesehen oder gehört. Aber eigentlich gefällt sie mir ganz gut." Es ist doch gar nicht undenkbar, daß dieser Mann, angeregt von unserem Konzert, sich irgendwann auch einmal ein Violinkonzert von Bruch oder Beethoven anhört und daß es ihm vielleicht sogar gefällt. Das wäre doch großartig, nicht?

Warum sollte man den Menschen den Weg zur klassischen Musik nicht etwas leichter machen? Für viele Leute ist – psychologisch gesehen – der Konzertsaal einfach viel zu weit entfernt. Sie sind weder mit klassischer Musik aufgewachsen, noch sind sie mit der Tradition der schwarzen Fräcke, der meist ernsten Gesichter, des schlichten Ambientes und der steifen, feierlichen Atmosphäre, die im Saal herrscht, vertraut. Leider hat die klassische Musik nun einmal ein mehr oder weniger elitäres Image. „Für unsereins ist das nichts!" – Wie oft habe ich das schon hören müssen! Und dabei gibt es eine solche Fülle unsagbar schöner Musik, die viel mehr Menschen genießen könnten, wenn sie ihnen nur auf adäquate Weise dargeboten würde. Man sieht es ja an dem Schostakowitsch-Walzer!

Natürlich gibt es inzwischen viele, die den *Second Waltz* zwar mitsingen können, die jedoch nicht wissen, daß er von Schostakowitsch ist und die auch den genauen Titel oder die Opusnummer nicht kennen (wie sich das für einen Klassik-Fan „gehört"!). Aber was ist daran so schlimm? Bevor Berdien Stenberg mit *Rondo Russo* bekannt wurde, hatte auch ich von dem Komponisten Mercadante noch nie etwas gehört, und die Opusnummer weiß ich bis heute nicht (das war noch nie meine Stärke). Ich finde das Stück jedoch ganz toll und bin überzeugt, daß auch dadurch wieder viele Leute einen Zugang zur Klassik gefunden haben. Und das halte ich für gut und wichtig.

Ich spiele den *Second Waltz* in der Originalfassung, das heißt, ich habe daran nichts verändert und keinen Pop-Sound oder was auch immer hinzugefügt. Ich spiele ihn lediglich mit großer Freude und zeige dem Publikum auch deutlich, daß ich Spaß daran habe. Und nicht nur ich, auch mein Orchester strahlt das aus. Diese ganze feierliche Atmosphäre, die die klassische Musik im Konzertsaal umgibt und dem großen Publikum angst macht und es fernhält, die findet man bei uns einfach nicht. Ich plaudere ein bißchen, mache ein paar Witze – übrigens nie auf Kosten der Musik – und sorge dafür, daß sich die Menschen wohl fühlen. Nach dem ersten Stück und den ersten Worten sehe ich, wie sich die Spannung auf den Gesichtern löst, und es entsteht dann allmählich eine Atmosphäre, die die Leute denken läßt: Ach, hier ist es richtig schön, von mir aus kann es den ganzen Abend so weitergehen. Und in

„... Johann Strauß spielte damals oft in dem herrlichen Volksgarten, wo die Wiener
ihn besonders gern hörten. Wenn am Sonntag schönes Wetter war, kamen sie nicht,
um sich vielleicht ein oder zwei Stücke anzuhören, sondern sie machten manchmal
schon einen richtigen Tagesausflug daraus. Sie brachten sich eine Decke zum Sitzen
mit, dazu einen Picknickkorb mit kalten Brathähnchen und Limonade... und die neu-
este Freundin! Und so verlebten sie köstliche Stunden. Und eigentlich sollten Sie sich
jetzt vorstellen, meine Damen und Herren, daß Sie nicht hier im Theater sitzen, sondern in Wien, im Volksgarten... auf einer Decke... mit kalten Hähnchen..."
Bei diesem Picknick „auf einer Decke" und an einem sonnigen Tag mitten im Winter
sangen unsere Kinder aus voller Kehle Weihnachtslieder. Schließlich muß es ja nicht
immer Strauß sein, oder?

Wir hatten in der Familie schon immer ein sehr enges Verhältnis zueinander, und das soll trotz aller Erfolge auch so bleiben. Ich liebe es, mit meinen Söhnen zusammenzusein und will mir dafür unbedingt immer die nötige Zeit freihalten.

Jeder Geiger hat in seinem Geigenkasten Bilder der Menschen, die ihm lieb und teuer sind. Dies sind die Fotos von Marjorie und den „Mennekes", die ich immer bei mir trage. Der Junge links ist Marc, der rechts Pierre. Sind sie nicht süß?

einer solchen Atmosphäre für das Publikum zu spielen, finden wir natürlich auch großartig, jeden Abend aufs neue. Man sieht, daß man die Menschen mit der Musik glücklich macht, und etwas Schöneres kann sich, wie ich es sehe, ein Musiker kaum vorstellen. Es ist ja vielleicht auch kein Zufall, daß bei klassischen Konzerten in den Pausen zwischen den einzelnen Sätzen immer so gehustet wird! Diese Leute haben bestimmt nicht alle einen Schnupfen; sie werden einfach nervös, weil sie die ganze Zeit die Luft anhalten und sich vor allem nicht bewegen dürfen, denn sonst blickt der Nachbar gleich ärgerlich auf. Bei uns wird nie gehustet! Und sollte einmal jemand einen Hustenanfall bekommen, dann biete ich ihm einfach einen Hustenbonbon an, und weiter geht's.

Zum Glück bekomme ich von seiten der erwähnten „E-Musik" auch immer wieder Komplimente. Eines der allerschönsten war für mich, als das KONINKLIJK CONCERTGEBOUWORKEST unter der Leitung von Riccardo Chailly bei einer großen öffentlichen, im Fernsehen übertragenen Veranstaltung auf dem Museumplein in Amsterdam (nach einer Symphonie von Gustav Mahler!) strahlend lächelnd als Zugabe den *Second Waltz* spielte. Und daß die Tausende von Menschen, die wegen dieser Mahler-Symphonie gekommen waren, dann im Takt des Walzers von Schostakowitsch schunkelten!

Was ist dir besonders zuwider?

Snobs!

♪ ♫ ♪

Eine Kolumnistin des *NRC Handelsblad* fragte sich – nicht im Ernst übrigens –, ob bei der Auswahl der Musiker meines Orchesters das Geschlecht eine Rolle spiele, weil die Damen in ihren schönen Kleidern vorn sitzen und die schwarzbefrackten Herren hinter ihnen.

Dieser Gedanke liegt tatsächlich nahe, wenn man das JOHANN STRAUSS ORCHESTER im Fernsehen sieht. Aber es stimmt (natürlich!) nicht. Die einzigen Bedingungen für eine Aufnahme sind eine perfekte Beherrschung des Instruments und Freude vor allem an „unserer" Musik. Die Anordnung der Instrumente – Streicher vorn, Bläser und Schlagzeug hinten – ist allgemein üblich und hängt mit der Lautstärke zusammen. Das JOHANN STRAUSS ORCHESTER hat aber eine wechselnde Besetzung, und so kann es passieren, daß die Gruppe der Streicher nur aus Damen besteht. Allerdings gibt es unter unseren Geigern auch einige Herren. Bei den Blechblasinstrumenten und beim Schlagzeug sieht es im allgemeinen anders aus – dort überwiegen die Herren bei weitem. Obwohl auch in diesem Falle gilt, daß die Ausnahmen die Regel bestätigen: Wir haben eine Schlagzeuger*in*!

♬ ♪ ♬

Die Interviewer erkundigen sich regelmäßig nach meiner schlechtesten Eigenschaft. Diese kenne ich selbst natürlich nicht, aber nach Marjorie steht ganz oben auf der Liste, daß ich ein schreckliches Ferkel bin.

Als sie mich nämlich zum ersten Mal in meiner Studentenbude in Brüssel besuchte, entdeckte sie, daß ich nicht nur ein netter Liebhaber war, sondern daß sie sich bei mir auch sonst nicht zu langweilen brauchte. Sie konnte sich gleich die Ärmel hochkrempeln! Mein Zimmer war ein einziger Saustall, was für sie etwas vollkommen Unerträgliches war. In meinem Kühlschrank befanden sich Gläser, in denen mehr Schimmel als Apfelkraut war, ferner ranzige Butter, verdorbenes Fleisch und Gemüse, viele Monate alte Milch, umgekippter Wein und noch einige andere Delikatessen dieser Art. Das war mir keineswegs verborgen geblieben, aber es störte mich nicht sonderlich. Der Kühlschrank stank fürchterlich, und so öffnete ich ihn einfach nicht mehr. Meine Mutter hatte ihre jahrelangen Bemühungen, mich zur Sauberkeit zu erziehen, am Ende als völlig hoffnungslos aufgegeben.

In unserer Familie erzählt man sich, daß irgendwann in meiner Kinderzeit einmal draußen vor unserem Haus viele Leute gestanden hätten, die sich offenbar köstlich amüsierten. Meine Mutter habe das von der Küche aus beobachtet und sei hinausgegangen, um nachzusehen, was es denn Lustiges zu sehen gebe. Das sei ich gewesen. Ich hätte mich auf ein Fensterbrett gestellt, meine Windeln ausgezogen und mit größter Freude deren Inhalt auf die Fensterscheiben geschmiert!

Und noch eine Geschichte zum Thema: Als Gymnasiasten hatten mein Bruder Robert und ich uns angewöhnt, abends vor dem Einschlafen noch eine Apfelsine im Bett zu essen. Die Schalen stopften wir dann in einen Papierkorb und schoben diesen weit unter das Bett. Wir Kinder waren selbst für Ordnung und Sauberkeit in unseren Zimmern verantwortlich, und nach unserem Eindruck gab es daran nichts zu bemängeln. Eines Tages aber wurde die Mutter im Flur von einem aus unserem Zimmer dringenden penetranten Geruch angezogen. Nach kurzer Suche fand sie den stinkenden Papierkorb, in dem nur ganz oben ein paar frische Orangenschalen lagen. Als sie ihn umkippte, plumpste der ganze Haufen zusammengepreßter, total verschimmelter Schalen in einem

Klumpen, der genau die Form des Korbes hatte, heraus. Meine Mutter war wütend. Ich konnte das nicht verstehen, denn ich war von der einzigartigen Form und dem Farbenreichtum dieses verschimmelten Objekts sehr angetan.

Ich darf sagen, daß ich mich inzwischen ein bißchen gebessert habe. (Man läßt mich ja auch gar nicht mehr so wie ich will!) Allerdings bin ich immer noch der Meinung, daß es auf der Welt weit Wichtigeres und vor allem Schöneres gibt als die Sauberkeit. (Igittigitt!)

Was hältst du von Kritikern?

Ich glaube, daß ich mich, was das angeht, kaum von den meisten anderen Künstlern unterscheide. Neulich las ich irgendwo die Antwort der Filmregisseurin Marleen Gorris auf die gleiche Frage: „Manchmal sind das richtige Meckerärsche." Jemand, dem für seine Arbeit gerade ein Oscar verliehen worden ist, darf so etwas natürlich ruhig laut sagen...

Im Grunde habe ich Mitleid mit den Damen und Herren der Kritikerzunft. Da müssen sie Abend für Abend im Konzertsaal sitzen und immer alles besser wissen, dürfen aber nie mitmachen! Irgendwann einmal taten sie mir so leid, daß ich bei einem Konzert des MAASTRICHTER SALONORCHESTERS zwei – übrigens sehr nette – Kritiker aufforderte, auf die Bühne zu kommen und mitzuspielen. (Ich habe immer viel auf ihre Meinung gegeben, weil sie in ihren Kritiken mich und mein Orchester niemals an ungeeigneten Maßstäben gemessen, sondern sich stets allein auf die Frage der Qualität unserer Darbietung konzentriert haben.)

Die beiden Kritiker folgten meiner Aufforderung und bekamen ein Instrument in die Hand gedrückt, das heißt der eine eine Peitsche und der andere einen Schellenbaum. Ich legte ihnen die Noten der *Petersburger Schlittenfahrt* vor und fragte sie, ob sie sie lesen könnten. Wenn nicht, sagte ich, sollten sie nur auf die Kreuze schauen. Die Hauptsache sei, daß sie im richtigen Augenblick einsetzten. Beide hatten einen Riesenspaß an der Sache und machten voller Begeisterung mit, was beim Publikum große Heiterkeit auslöste. Nachdem wir das Stück gemeinsam zu einem guten Ende gebracht hatten, nahmen sie mit tiefer Verbeugung den Beifall für ihre tolle Leistung entgegen und kehrten dann auf ihre Plätze zurück.

Ich war jedoch der Ansicht, daß ich sie noch nicht genug gequält hatte und holte aus einer Tasche meines Fracks eine Zeitung hervor.

„Meine Damen und Herren, wie so oft ist auch die Kritik zu diesem Konzert bereits am gestrigen Abend geschrieben worden. Der Kritiker möchte nämlich nachher noch auf eine Party gehen. Ich werde Ihnen jetzt einen Abschnitt aus der morgen erscheinenden Zeitung vorlesen."

„... Die Melodien aber brachten sie mit einer musikalischen Tendenz zu Gehör, die sie bei allen Aspekten eines jeden einzelnen Teils zu sublimieren wußten, ohne dabei jedoch das kompositorisch Gegebene zu beeinträchtigen, und außerdem mit großer Hingabe und mit Liebe zum Detail, was dafür sorgte, daß die harmonierende Tonalität infiltriert wurde und dadurch vollkommen equilibriert zur Geltung kommen konnte.

Das Schlagzeug lag total daneben."

Das Publikum mußte furchtbar lachen, aber am lautesten von allen lachten die beiden fairen Kritiker, denen es ziemlich leicht fiel, in diesem Blödsinn etwas von ihrem eigenen Stil wiederzuerkennen!

THE SHOW
MUST GO ON

*S*owohl von Interviewern als auch von Fans werde ich immer wieder gefragt, was mir denn nun bei meinem Beruf am schwersten falle.

Fragen dieser Art finde ich immer wahnsinnig schwierig, denn ich bin einfach der Meinung, daß ich einen phantastischen Beruf habe, vielleicht sogar den schönsten, den es gibt. Zu der Frage, was ich daran nicht mag, fällt mir also meistens nicht viel ein. Natürlich gibt es schon mal Dinge, die ärgerlich sind, aber das ist wohl in jedem Beruf so. Gerade als Unternehmer muß man in seinem Betrieb Sachen erledigen, die für niemanden angenehm sind. So kommt es zum Beispiel vor, daß man Mitarbeiter entlassen muß, was mir immer sehr schwer fällt, aber das geht wahrscheinlich den meisten Arbeitgebern nicht anders. Dennoch kann man sich dieser Pflicht manchmal nicht entziehen, und dann muß man halt in den sauren Apfel beißen. Was ich auch ganz und gar nicht mag, sind Dinge, die nicht planmäßig verlaufen, Menschen, die sich nicht an Verträge oder Abmachungen halten, Technik, die im entscheidenden Augenblick versagt – Computer, Printer, Beschallungsanlagen, was auch immer. Aber auch das sind alles Sachen, mit denen man in jedem Betrieb zu tun hat und die wahrscheinlich niemandem sonderlich gefallen.

Was allerdings speziell für den Beruf des Künstlers gilt – nicht nur für mich, sondern für jeden Künstler –, ist das berüchtigte „The show must go on", die Show muß weitergehen. Wenn man auf der Bühne steht und vor einem sitzen Hunderte oder gar Tausende von Menschen, die voller Erwartung sind und sich schon lange auf dieses Konzert gefreut haben, dann hat man einfach die Pflicht, eine möglichst vollkommene Leistung zu bringen. Da hilft kein Jammern, auch wenn man sich hundeelend fühlt, Schmerzen oder Kummer hat – die Zuhörer erwarten einfach, daß man sein Konzert gibt, als wäre nichts. So etwas ist alles andere als angenehm, aber es gehört zu diesem Beruf, und ich bin es gewohnt. Es ist etwas, was ich zu Hause von frühester Kindheit an mitbekommen habe. Ich konnte es sowohl bei meinem Vater als auch bei anderen Künstlern – oftmals großen Solisten – miterleben, wie sie manchmal vor einem Konzert bei uns zu Hause mit Fieber im Bett lagen, dann aber doch, mit Hilfe jeder Menge Aspirin, im Konzertsaal auftraten. So habe ich einmal voller Bewunderung über so viel Ausdauer ein großartiges Konzert von Herman Krebbers gehört, den ich kurz vorher bei uns zu Hause fast todkrank erlebt hatte. Am Abend spielte er strahlender und schöner denn je!

Vor einiger Zeit begegnete ich zufälligerweise dem Leiter der Grundschule, in die unsere Kinder gingen, als sie noch klein waren. Er gratulierte mir zu meinem heutigen Erfolg und berichtete mir, die ganze Schule sei unheimlich stolz darauf, daß ich dort die ersten Proben mit dem heute so berühmten JOHANN STRAUSS ORCHESTER abgehalten hätte. Er war total begeistert von allem, was ich seitdem gemacht und erreicht hatte. Trotzdem meinte er – obwohl er selbst leidenschaftlich gern musiziert –, er würde um keinen Preis mit mir tauschen wollen.

„Weißt du, André, was mir von allem den größten Eindruck gemacht hat? Daß du damals, als diese Sache mit Pierre passiert ist, trotz allem ins Auto gestiegen und nach Leuven gerast bist, um dort dein Konzert zu geben. Dazu hätte ich selbst niemals den Mut aufbringen können."

Ich wußte sofort, worauf er sich bezog. Es geschah vor einigen Jahren an einem schönen Frühlingstag. Ich war im Begriff, nach Leuven abzufahren, wo ich am Abend ein Konzert geben sollte. Ich saß noch kurz mit Marjorie in unserem Garten zusammen und wollte mich gerade von ihr verabschieden, als plötzlich eine unserer Mitarbeiterinnen angelaufen kam. Der Garten war privat und den Mitarbeitern normalerweise der Zutritt untersagt. Es mußte also schon etwas ganz Schlimmes los sein. Jemand von der Grundschule hätte angerufen, sagte sie, vor Schreck ganz außer Puste, und wir sollten sofort hin. Pierre sei von einer Kletterwand heruntergefallen!

Die reinsten Katastrophen sind das, solche Mitteilungen! Wir sprangen ins Auto und rasten davon, Richtung Turnhalle, ohne zu wissen, ob wir Pierre tot oder lebendig antreffen würden. Die Schule war gerade aus, und deshalb standen Dutzende von Kindern um unseren Sohn herum, der totenblaß auf dem Boden lag. Erleichtert stellten wir sofort fest, daß er noch am Leben war, aber er ächzte vor Schmerzen.

Es herrschte ein schreckliches Durcheinander. Neben Pierre kniete sein besorgter Lehrer, der fast noch blasser aussah als er. Der Schulleiter war unterwegs zum Telefon, um mit dem Arzt zu sprechen, eine Lehrerin bemühte sich, Pierres Klassenkameraden zu beruhigen, und ein weiterer Kollege versuchte, die anderen Schüler, die erregt und laut durcheinanderschrien, nach Hause zu schicken.

Der Arzt kam, vermutete einen Beinbruch und eine Gehirnerschütterung und sorgte für Pierres Einweisung in die Unfallstation. Wir durften ihn nicht selbst ins Krankenhaus bringen, also rief ich über das Autotelefon einen Rettungswagen herbei. Marjorie fuhr im Krankenwagen mit, während ich mit meinem Wagen fuhr, denn in meinem Hinterkopf war da noch der Gedanke an irgendein Konzert, das ich am Abend geben sollte. Im Augenblick interessierte mich diese Tatsache jedoch ganz und gar nicht, galt meine Sorge doch einzig Pierre.

Zum Glück stellte sich alles als nur halb so schlimm heraus. Es zeigte sich, daß er sich das Bein und einige Rippen geprellt, aber nichts gebrochen hatte, und eine Gehirnerschütterung hatte er auch nicht. Erst nachdem ich mich von diesem Tatbestand hatte überzeugen können und die Röntgenaufnahmen gesehen hatte, fuhr ich wie der Teufel nach Leuven, wo ich gerade noch zur rechten Zeit eintraf.

Es wurde ein sehr unterhaltsames Konzert, und ich bin sicher, daß das Leuvener Publikum nichts gemerkt hat, obwohl mir die durchgestandene Angst noch stundenlang zu schaffen machte. Am allerschlimmsten fand ich, daß ich an diesem Abend nicht bei dem kleinen Pierre hatte bleiben können. Das sind die Augenblicke, in denen ich nahe daran bin, meinen Beruf zu verfluchen!

Pierre selbst zeigte sich, nachdem er sich vom ersten Schreck und den schlimmsten Schmerzen erholt hatte, recht gelassen. Er war sogar imstande, uns zu erzählen, daß er, als er noch fast ohnmächtig auf dem Boden gelegen hatte, hörte, wie sein Lehrer einen seiner Klassenkameraden fragte, was denn nun genau passiert sei. „Na ja", hatte der Junge geantwortet, „Pierre hängte an der Kletterwand, und dann fiel er auf einmal runter."

„Hing", hatte ihn der Lehrer korrigiert, trotz aller Panik. Und so gehört es sich natürlich auch. „The show must go on" – auch bei Lehrern!

♬ ♪ ♬

Die letzte Frage:

Was ist dein größter Wunsch?

Daß es mir noch sehr lange vergönnt sein möge, Menschen mit meiner Musik glücklich zu machen!

DISKOGRAPHIE
ANDRÉ RIEU

In Deutschland erhältlich:

Die CDs und Musikkassetten:
Strauß & Co, Polydor 522 933-2 (-4)
Wiener Melange, Polydor 528 786-2 (-4)
In Concert, Polydor 534 266-2 (-4)
Mein Weihnachtstraum, Polydor 536 104-2 (-4)

Die Videos:
Strauß & Co, PolyGram 045 850-3
Wiener Melange, PolyGram 637 986-3

Das Notenbuch:
Playing André Rieu

Stiftung Maastricht – Niou
Spendenkonto bei der Postbank Köln:
Nr. 54 59 74 – 500
BLZ 370 100 50
Spendenquittungen werden auf Wunsch ausgestellt.